北大版新一代对外汉语教材·文化汉语系列

中国传统文化与现代生活

留学生中级文化读本（Ⅰ）

张　英　金舒年　主编

张　英　金舒年
刘立新　钱　华　编著

赵昀晖　　　　英译

北京大学出版社
·北京·

图书在版编目(CIP)数据

中国传统文化与现代生活:留学生中级文化读本(I)/张英 金舒年 主编.—北京:北京大学出版社,2003.6

ISBN 978-7-301-06002-5

Ⅰ.中… Ⅱ.①张… ②金… Ⅲ.传统文化-中国-对外汉语教学-语言读物 Ⅳ.H195.5

中国版本图书馆CIP数据核字(2002)第093447号

书　　　　名:	中国传统文化与现代生活——留学生中级文化读本(Ⅰ)
著作责任者:	张　英　金舒年　主编
插 图 作 者:	王家琪　唐　璐
责 任 编 辑:	吕幼筠
标 准 书 号:	ISBN 978-7-301-06002-5/H·0810
出 版 发 行:	北京大学出版社
地　　　　址:	北京市海淀区成府路205号　100871
网　　　　址:	http://www.pup.cn
电　　　　话:	邮购部 62752015　发行部 62750672　编辑部 62752028　出版部 62754962
电 子 邮 箱:	zpup@pup.pku.edu.cn
印　刷　者:	三河市博文印刷有限公司
经　销　者:	新华书店
	787毫米×1092毫米　16开本　13.375印张　340千字
	2003年6月第1版　2020年1月第9次印刷
定　　　　价:	46.00元

未经许可,不得以任何方式复制或抄袭本书之部分或全部内容。
版权所有,侵权必究　举报电话:010-62752024
电子邮箱:fd@pup.pku.edu.cn

天安门

故宫

中国结

蓝花瓷器

茶 具

剪 纸

杨贵妃

长城

天坛

北海

孔子

天问——屈原

太白醉酒

兵马俑

序　言

　　中国是世界上有着几千年历史的文明国家,她为人类进步所创造的灿烂文化作为世界文明宝库中珍贵的遗产被继承下来。这些优秀的文化遗产代代相传,成为中国人民建设自己国家的强大精神支柱和力量源泉。

　　对外汉语教学的任务是教授标准汉语和中国文化:离开了前者,了解中国文化就是一句空话;离开了后者,汉语也很难传播开去。二者之间关系紧密,很难截然分开。

　　怎样看待对外汉语教学中的文化教学问题,一直是人们长期关注的问题。张英、金舒年等老师在这方面做了深入的探索和实践,张英曾发表过专门论述对外汉语与文化教学的文章。经过几年的努力,继《中国传统文化与现代生活》(高级本)之后,《中国传统文化与现代生活》的中级本(Ⅰ、Ⅱ册)又即将出版问世了。这套教材不仅填补了外国留学生长期进修班课程设置的空白,拓宽了教材建设的领域,同时也为对外汉语教学开辟了新的途径。

　　该教材无论选材、体例都富有创新意识。选材多从外国留学生的视角出发,通过比较,折射出中西文化各自的光芒。特别是中外人物的对话,既是一种不同文化之间的交流,又是不同民族心理之间的沟通。

　　该教材通过一横一纵,展示中国传统文化的演变及其魅力。课文信息量大,对话深入浅出,注释背景详尽,练习巩固理解,可谓匠心独具。

　　我读了全文,觉得这是一套难得的文化教材,是用她们的心血凝结而成的,相信会受到外国留学生的欢迎的。

北京大学对外汉语教育学院教授　　郭振华

(经本人同意,沿用《中国传统文化与现代生活》高级本序言)

前　　言

2000年，我们编写并出版了《中国传统文化与现代生活》的高级本。现在,我们将它的姊妹篇中级本奉献给大家。

作为一套系列性的文化教材,《中国传统文化与现代生活》中级本的编写主旨,与高级本保持着连续性,即选择中国传统文化中富有代表性的文化点,着重从源、流两个方面展示中国传统文化的魅力及对现代社会生活的影响,使学习者对中国文化和中国社会都有所了解。

中级本分为Ⅰ、Ⅱ两册,每册六个单元,每个单元二至四课,每册总计为十八课,Ⅰ、Ⅱ册一共三十六课,供一学年使用。

中级本的每课由提示问题、课文、对话、词语、专有名词、注释、练习和补充阅读八部分组成。其任务和作用分别为:提示问题是文化点热身,课文是导入,对话是展开和深入;词语、专有名词、注释、练习和补充阅读则是围绕本课所涉及的文化内容和社会现象,从掌握词语、丰富知识、理解文化和社会、培养运用能力等方面设置的,目的是让学习者巩固从课文和对话中所学到的知识,并结合实际来认知中国文化和现代社会,提高进行深层交流的能力。

本教材力求体现如下特点:

1. 丰富性:一是通过单元选题,尽可能多地覆盖留学生感兴趣的、并在中国现代生活中依然充满活力的传统文化和文化现象;二是在语言难度允许的范围内,通过课文、对话、专有名词、注释和补充阅读,把每个文化点的相关知识及社会信息呈现出来,使学习者能最大限度地获取这些知识和信息。

2. 实用性:学以致用,是本教材追求的目标。实现这一目标的途径,一是讲述的内容都是在现代中国社会依然活跃的文化成分,学习者有机会接触和了解它们;二是课文和对话的语言通俗,传导的知识和信息贴近生活,便于学以致用。

3. 趣味性:以学习者感兴趣的文化点或文化现象作为课文的内容,以通俗生动的语言展开文化知识的对话,用幽默形象的图画把抽象的概念与直观的形态结合起来,使读、观、想的连锁精神活动变得更加有趣。

《中国传统文化与现代生活》是一本文化读本。从语言水平的角度来看,它适合中等汉语水平的学习者使用;从了解中国传统文化和现代生活的角度来说，对具有较高汉语水平的学习者，特别是预科生或本科低年级的留学生，这套教材也是很适用的。

尽善尽美是我们的理想和追求。然而，我们深知这套教材离我们的理想和追求还相差得很远。我们期待着使用者的反馈信息和宝贵意见。

全体编著者
2003.1.20

目 录

| 序 言 | 1 |
| 前 言 | 3 |

一　民风民俗

第一课	民以食为天	1
第二课	你属什么？	12
第三课	明月几时有	22
第四课	酒满茶半	32

二　语言文字

第五课	南腔北调	42
第六课	汉字的来历	52
第七课	语言中的盐——成语	62

三　名胜古迹

第八课	不到长城非好汉	75
第九课	地下长城兵马俑	87
第十课	六朝古都北京	96

四　工艺美术

| 第十一课 | 剪纸·风筝·中国结 | 108 |
| 第十二课 | 文房四宝 | 116 |

五　历史人文

第十三课	上下五千年	126
第十四课	仁者爱人	137
第十五课	一代明君李世民	148
第十六课	丝绸之路	157

六　体育娱乐

| 第十七课 | 中国功夫 | 169 |
| 第十八课 | 赛龙舟 | 178 |

附　录

| 中国历代纪元简表 | 187 |
| 词汇总表 | 188 |

人物介绍

 孙静怡（Sūn Jìngyí） 女,中国人

 刘文涛（Liú Wéntāo） 男,中国人

 玛利亚（Mǎlìyà） 女,欧洲人

 托马斯（Tuōmǎsī） 男,美洲人

 山本惠（Shānběn Huì） 女,日本人

 金元智（Jīn Yuánzhì） 男,韩国人

说明：以上人物均为虚拟,与现实生活中的同名同姓者无关。他们都是二三十岁的年轻人,彼此之间的关系是朋友。

第一课　民以食为天

你知道中国的四大菜系吗？它们各有什么特点？

我们常吃的北京烤鸭、涮羊肉等属于什么菜系？

近年来中国人的饮食结构发生了什么样的变化？

课文

关于"东坡肉"的传说

"苏堤春晓"是杭州西湖十景的第一景，这苏堤是苏东坡在杭州做官的时候修筑的。当时他疏浚了西湖，建了这个堤，使四周的农田不怕水灾，不愁旱灾，为老百姓做了一件好事。

有一年，老百姓丰收以后，为了感谢苏东坡疏浚西湖，到过年①时节，抬猪担酒来给他拜年①。苏东坡收下了猪肉，叫人切成方块，烧得红酥酥的，然后按疏浚西湖的民工名单，把肉挨家挨户分给他们过年。大家看到苏东坡不忘民工，更加爱戴他，就把他送来的肉叫做"东坡肉"，吃的时候也更觉得味道鲜美可口。

杭州有家大菜馆的老板见人们都夸东坡肉，就和厨师商量，也

 民风民俗

把猪肉切成方块,烧得红酥酥的,挂出了"东坡肉"的牌子,供应给顾客。

这道新菜一出,那家菜馆的生意就兴旺极了,从早到晚,顾客不断。别的菜馆看得眼红,也都学着做起来。一时间,大小菜馆家家都做东坡肉,于是风行全城,成为名菜。

朝廷中有个与苏东坡为敌的大臣听说后,就来到杭州,把所有菜馆的菜单全部收集起来,回到京城马上就去见皇帝,他说:"皇上呀,苏东坡在杭州做了很多坏事,老百姓恨不得要吃他的肉呢!"

皇帝说:"你怎么知道?可有什么证据呀?"

那人就把一大叠油腻腻的菜单呈了上去。皇帝本来就糊涂,他一看菜单,也不分青红皂白②,立刻传下一道圣旨,解除了苏东坡的官职,把他发配到海南去了。

苏东坡离开杭州后,杭州的老百姓忘不了他的好处,仍像过去一样赞扬他,把他疏浚西湖时修筑的堤称为"苏堤",还公推东坡肉为杭州第一道名菜。

(根据甘肃人民出版社《中国风俗故事集》(下册)改写)

  玛利亚 刘文涛

玛利亚:我去杭州旅游的时候品尝过东坡肉这道菜,真的是名不虚传:肥而不腻,入口即化,味道好极了。在中国菜里面,还有像这样用人名来做菜名的情况吗?

刘文涛:还有一些,比如像大家比较熟悉的麻婆豆腐、宫保鸡丁、宫保肉丁、夫妻肺片等等,都是这种情况。几乎每一个这样的菜名中都包含着一个有意思的传说故事。

玛利亚:我听说中国菜的品种非常丰富,分成很多的菜系,你上面提到的这些菜都是属于什么菜系的呢?

刘文涛:我们先来看看中国菜有哪些菜系。人们常说的八大菜系,

指的是川（四川）菜、鲁（山东）菜、粤（广东）菜、苏（江苏）菜、湘（湖南）菜、浙（浙江）菜、闽（福建）菜和徽（安徽）菜。刚才我们提到的那几个菜，除了东坡肉从它的产生地来看属于浙菜以外，其他几种都是川菜中的名菜。

玛利亚：川菜的味道一般都是辣中带麻，对我这样爱吃辣的人来说很过瘾。这可以说是川菜的一大特点吧？

刘文涛：当然可以这样说。不过川菜的味道不光有麻辣的特点，它的调味非常多样。就拿辣味来说，有家常味、鱼香味、酸辣味和糊辣味等很多种。由于川菜的调味富有变化，菜式繁多，可以做到一年三百六十五天，天天不重复，一日三餐，餐餐花样翻新。

玛利亚：哇，我还以为川菜的特点就是麻辣呢。我和朋友去饭馆吃饭的时候，常常喜欢点一个拔丝的菜，把它当做餐后的甜点。现在拔丝菜的品种越来越丰富了，真是让人百吃不厌，我特想知道这个菜是属于什么菜系的。

刘文涛：拔丝菜是鲁菜中独具特色的一个类型，现在已经风行全国了。

玛利亚：鲁菜的发源地山东是孔子的老家，那里的菜肴一定很有特色吧？

刘文涛：没错儿。鲁菜的历史很悠久，它吸收了南北菜肴的不同特点，适应性很强，在北方地区广泛流行，而且还进入了宫廷。它选料精细，善于使用高档材料，做出厚味大菜，这是鲁菜的最大特点。比如它的海鲜菜，味道鲜香浓郁，风格与粤菜中的海鲜完全不同。

玛利亚：粤菜这几年非常流行，是不是因为现在大家都吃腻了用普通材料做的菜，喜欢尝试一些用新奇材料做的菜？

刘文涛：你这句话还真是说出了粤菜的一大特点，就是选料广博，奇而且杂，特别喜欢鲜活的海产品和野味。

玛利亚：你是说什么动物都可以用来做菜吗？

刘文涛：那当然不行！这几年国家陆续颁布了一些关于保护野生动

物的法律，大家都必须遵守。而且现在保护环境、保护动物是一个世界潮流，是对我们人类的未来有利的好事。粤菜中的野味，也一定得是在符合国家规定的前提下才能选用，否则就违法了。

玛利亚：那粤菜还有别的特点吗？

刘文涛：粤菜的口味偏向于清、鲜、爽、淡，而且还很注意配合季节的变化：夏秋天气很热，菜的口味就偏于清淡；冬春凉爽，菜的口味就偏于浓郁。而且粤菜的配菜和调料也特别丰富，这对于它的独特风味的形成也起了很重要的作用。

玛利亚：在你说的这些菜系中，没有一个北京菜系，那北京烤鸭怎么算呢？

刘文涛：北京烤鸭不属于什么菜系，是一种独立的特色菜。类似的情况还有不少，比如山东曲阜的孔府菜，有益健康、遍及南北的素菜，还有大众化的涮羊肉，保健益寿的药膳，丰富多样的饺子什么的，都别有风味，很受欢迎。

玛利亚：中国好吃的东西太多了。我来中国才一年，可体重增加了十斤，看来不减肥是不行了，已经到了非要控制饮食不可的时候了。

刘文涛：这好像是一种现代文明病吧？原来中国人的饮食结构是以粮食和蔬菜为主，所以身材普遍都比较单薄。现在生活水平提高了，人们的饮食结构发生了很大的变化，每天吃的肉类食品越来越多，体重超标的人也多起来了，以至于吃减肥药都成了时尚。

玛利亚：我觉得应该提倡通过调整饮食结构和运动来保持体重，吃减肥药不是个好办法。

刘文涛：我完全同意你的看法。俗话说：白菜豆腐保平安③嘛！

玛利亚：我本来今天想请你吃涮羊肉的，为了咱们的健康，所以就先免了吧。

刘文涛：啊?！

词 语

1.	修筑	xiūzhù	build
2.	疏浚	shūjùn	dredge
3.	水灾	shuǐzāi	flood
4.	旱灾	hànzāi	drought
5.	红酥酥	hóngsūsū	red and soft
6.	名单	míngdān	list
7.	爱戴	àidài	love and esteem
8.	鲜美可口	xiānměi kěkǒu	delicious
9.	厨师	chúshī	cook
10.	供应	gōngyìng	supply
11.	兴旺	xīngwàng	prosperous
12.	眼红	yǎnhóng	be envious
13.	风行	fēngxíng	prevailing; popular
14.	朝廷	cháotíng	imperial government
15.	大臣	dàchén	minister (of a monarchy)
16.	恨不得	hènbude	be eager to
17.	证据	zhèngjù	proof
18.	油腻腻	yóunìnì	oily
19.	圣旨	shèngzhǐ	imperial edict
20.	解除	jiěchú	relieve; remove
21.	官职	guānzhí	official position
22.	发配	fāpèi	send sb. to a remote place
23.	公推	gōngtuī	recommended by the public
24.	品尝	pǐncháng	taste
25.	名不虚传	míng bù xū chuán	have a well-deserved reputation
26.	过瘾	guòyǐn	satisfy; very satisfied
27.	调味	tiáowèi	flavor
28.	富有	fùyǒu	rich
29.	繁多	fánduō	numerous

30.	餐	cān	meal
31.	花样翻新	huāyàng fān xīn	renovate a design
32.	百吃不厌	bǎi chī bú yàn	be worth eating a hundred times
33.	发源地	fāyuándì	origin
34.	菜肴	càiyáo	dish
35.	流行	liúxíng	popular
36.	宫廷	gōngtíng	imperial court
37.	高档	gāodàng	top grade
38.	浓郁	nóngyù	rich; strong
39.	尝试	chángshì	taste
40.	新奇	xīnqí	novel
41.	广博	guǎngbó	wide
42.	野味	yěwèi	game (as food)
43.	颁布	bānbù	issue
44.	野生动物	yěshēng dòngwù	wild animals
45.	潮流	cháoliú	tide; trend
46.	前提	qiántí	premise
47.	违法	wéi fǎ	break the law
48.	偏向	piānxiàng	inclined to one side; deviate
49.	凉爽	liángshuǎng	cool
50.	遍及	biànjí	spread everywhere
51.	保健	bǎojiàn	health care
52.	体重	tǐzhòng	weight
53.	单薄	dānbó	thin
54.	超标	chāobiāo	exceed the provided standard
55.	时尚	shíshàng	fashion
56.	免	miǎn	relieve; excuse; exempt

专有名词

1. 杭州　　　　Hángzhōu　　　　　Hangzhou
2. 西湖　　　　Xī Hú　　　　　　 the West Lake
3. 苏东坡　　　Sū Dōngpō　　　　 Su Dongpo
4. 海南　　　　Hǎinán　　　　　　Hainan Province
5. 孔子　　　　Kǒngzǐ　　　　　　Confucius
6. 山东曲阜　　Shāndōng Qūfù　　 Qufu, Shandong Province
7. 涮羊肉　　　shuàn yángròu　　 instantboiled mutton
8. 药膳　　　　yàoshàn　　　　　 medicated food

注释

1. 过年(guò nián, celebrate the Spring Festival)、拜年(bài nián, offer New Year's greetings)："年"指的是中国农历的正月初一,也叫春节。那一天,中国人要相互祝贺新年,就叫"拜年"。

2. 不分青红皂白(bù fēn qīng hóng zào bái, indiscriminately)：比喻不分辨清楚是非或原因,就做出决定或采取行动。

3. 白菜豆腐保平安(báicài dòufu bǎo píng'ān, Cabbage and bean curd (means simple life) can keep you safe and peaceful.)：意思是多吃清淡的素菜有利于身体健康。

练习

（一）解释句子中画线词语的意思并造句

1. 别的菜馆看得<u>眼红</u>,也都学着做起来。一时间,大小菜馆家家都做东坡肉,于是<u>风行全城</u>,成为名菜。
2. 老百姓<u>恨不得</u>要吃他的肉呢!
3. 川菜的味道一般都是辣中带麻,对我这样爱吃辣的人来说很<u>过瘾</u>。

4. 现在拔丝菜的品种越来越丰富了,真是让人<u>百吃不厌</u>。
5. 粤菜中的野味,也一定得是<u>在</u>符合国家规定<u>的前提下</u>才能选用,否则就<u>违法</u>了。
6. 我本来今天想请你吃涮羊肉的,为了咱们的健康,所以就<u>免</u>了吧。

（二）四字词语填空

（　）美（　）口　　　名不（　）（　）　　　（　）（　）翻新
百（　）不（　）　　　野（　）动（　）

（三）词语搭配

1. 填入合适的形容词
（　　）的味道　　（　　）的材料　　（　　）的身材
（　　）的菜式　　（　　）的生意

2. 填入合适的名词
品尝（　　）　　修筑（　　）　　爱戴（　　）
流行（　　）　　遍及（　　）　　颁布（　　）

（四）区别词义和用法

1. 品尝——尝试
2. 新奇——新鲜
3. 潮流——流行
4. 爱戴——爱护
5. 繁多——繁华

二

（一）根据对话的内容填空

1. 东坡肉这道菜的特点是（　　　　）,（　　　　）,味道好极了。
2. 在中国菜里面,用人名来做菜名的菜还有:（　　　　）、（　　　　）、（　　　　）、（　　　　）等等。
3. 中国的八大菜系指的是:（　）菜、（　）菜、（　）菜、（　）菜、（　）菜、（　）菜、（　）菜和（　）菜。
4. 川菜里面的辣味各种各样,有（　　）味、（　　）味、（　　）味和（　　）

味等很多种。
5. 鲁菜在（   ）地区广泛流行,而且还进入了（   ）。
6. 在中国菜中,不属于什么菜系,自成体系的特色菜有（   ）、（   ）、（   ）等。

（二）判断正误

1. "苏堤春晓"是杭州著名的西湖十景之一。□
2. 杭州的老百姓给苏东坡拜年,因为他是个大文学家。□
3. "东坡肉"最早是苏东坡做了送给参加疏浚西湖的民工们的。□
4. 在当时的杭州,只有一家菜馆供应东坡肉这道菜。□
5. 皇帝解除苏东坡的官职,是因为苏东坡让民工疏浚了西湖。□
6. "青红皂白"这四个字指的都是颜色。□
7. 西湖的"苏堤"是由苏东坡而得名的。□
8. 在中国菜里面,所有的菜的名字都与人名有关。□
9. 东坡肉属于八大菜系中的川菜。□
10. 夫妻肺片属于八大菜系中的闽菜。□
11. 味道麻辣是川菜的特点之一。□
12. 所有川菜中的麻辣味都是相同的。□
13. 拔丝菜是鲁菜中独具特色的一个类型。□
14. 鲁菜的发源地是孔子的老家山西。□
15. 八大菜系中,只有粤菜中有海鲜菜。□
16. 粤菜喜欢用新奇的材料做菜。□
17. 粤菜的口味比较注意配合季节的变化。□
18. 北京烤鸭是是北京菜系中的名菜。□
19. 原来中国人身材之所以普遍比较单薄,是因为他们吃得比较少。□
20. 中国人传统的饮食结构是以粮食和蔬菜为主。□
21. 现在中国人的饮食结构还和以前一样,没什么变化。□
22. "白菜豆腐保平安"这句话的意思是如果你常吃白菜豆腐,你的生活一定会平安无事。□

（三）回答问题

1. 说一说东坡肉这道菜的来历。
2. 介绍一下川菜、鲁菜、粤菜的主要特点。

三

（一）讨论

1. 给大家介绍一个你的拿手菜。
2. 给大家介绍一个你最喜欢的饭馆，并说说理由。
3. 你认为什么样的饮食结构最有利于健康？
4. 谈谈你对吃素的看法。

（二）实践

每人做一个有自己国家特色的菜，全班同学一起聚餐。

补充阅读

饮食笑话三则

开战之前

有个人匆匆忙忙跑进餐馆吩咐服务员："趁还没有开战，给我来碗汤！"服务员吃了一惊，想问他什么，见他着急的神色，只好匆忙地把汤端了上来。"快，趁开战之前，给我来份什锦沙拉、鱼排和罗宋汤。"那人又急忙说道。吃惊的服务员同样以快速的节奏端上菜来。那人吃完后，又对服务员说："大战马上要爆发了！你快去拿杯咖啡和一盒香烟来，让我细细地告诉你！"服务员飞速取来了咖啡和烟，然后神情激动地坐在旁边，等候最新消息的发布。那人悠然吐出一个烟圈，又用指头把它弄散了，说："大战爆发了！瞧，我没钱付账！"

玫瑰酥糖

一个人在苏州买了一包酥糖，拆开一数，只有五块。他心里想：怎么少了四块，不知道什么原因。向店家一问，才知道自己把"玫瑰酥糖"看成了"玫块酥糖"。

借鉴

酒馆经理正因为生意不好而一筹莫展。一天，他偶然到一家书店买书，见墙上挂着大横幅:"为好书找读者,为读者找好书。"他眼睛一亮,立即奔回家,叫人写了一条大横幅,挂在酒馆门口。第二天,店门口围了不少人指指点点,原来横幅写的是:"为好酒找酒鬼,为酒鬼找好酒。"

(摘自饮食品网——饮食文化)

 民 风 民 俗

第二课　你属什么？

> 你听说过十二生肖吗？你属哪一个？
> 你在哪里见到过十二生肖的形象？

课　文

老鼠为什么怕猫

在古代，人们是用十二地支①来给时辰命名的。但是地支的名称很古怪，人们总是记不住，所以引起了许多麻烦。玉皇大帝就想出了一个办法，准备选十二种动物，用它们和十二地支相配，帮助人们记忆。但天下的动物太多了，怎么选呢？玉皇大帝定了一个日子，让动物们自己去天庭报名，前十二种动物将被选上。动物们很兴奋，都希望自己是十二个幸运的动物中的一个。

猫和老鼠是邻居，又是好朋友，它们也想去报名。可是猫总爱睡懒觉，它怕自己起不来，就让老鼠第二天叫自己起床。第二天早晨，老鼠早早地就醒了，可是它忘了叫醒猫，就急急忙忙出发了。走到半路时，一头牛从后面赶上了老鼠。牛的个子大，步子也大，它每走一步，老鼠得跑好几步。老鼠心想："路还远着呢，我都快跑不动了，必须想个办法才行。"它就对老牛说："牛大哥，让我给你唱支歌吧，这样走路会轻松些。"老牛说："好呀。"老鼠就唱了起来，可是牛什么也没听见，还问："你怎么不唱？"老鼠说："我在唱呢，你没听见吗？哦，可能因为我个子太小，离你的耳朵太远，你才没听见。如果

12

我骑在你的脖子上唱,你就听得见了。"老牛说:"好主意!"于是,老鼠就爬到了牛脖子上唱起来:"牛大哥牛大哥,过小河爬山坡,要问世上谁最棒?牛大哥和我——"老牛一听,跑得更快了。它们跑到天庭门口时,看见谁也没来,牛高兴地叫起来:"我第一!我第一!"

牛还没说完,老鼠就已经从牛身上滑下来,先一步站到了牛的前面。就这样,老鼠得了第一名,牛排在了第二名。不久,其他的动物也一个一个到了,它们是:虎、兔、龙、蛇、马、羊、猴、鸡、狗和猪。

老鼠高高兴兴地回到家后,这才想起好朋友猫。它跑到猫的家里一看,猫还在睡大觉呢。猫没有被选上,气坏了。从这以后,猫一见老鼠就咬,老鼠也总是怕看见猫。

 孙静怡　玛丽亚

孙静怡:我给你出一个谜语,请你猜一猜:"全国十二个,人人有一个。外国不曾有,请问是什么?"

玛丽亚:外国没有,中国有,这我可猜不出来,我是外国人啊!

孙静怡:这是日本前首相田中角荣访问中国时,给周恩来总理出过的一个谜语。当时周恩来听了哈哈大笑,回答说:"十二生

肖。"

玛丽亚：说到生肖，我正好有个问题要问你。你说这十二生肖到底是怎么来的呢？

孙静怡：这和中国古代历法有关系。你知道地支吗？

玛丽亚：听说过，它是中国古代的纪年方式，可是和动物有什么关系呢？

孙静怡：古代的人们想记住自己的出生年份，可是那些地支的名称太麻烦，所以就找比较形象的东西来帮助记忆，最后想到用十二种动物代表十二个地支。每年用一种动物做代表，顺序就是：子鼠、丑牛、寅虎、卯兔、辰龙、巳蛇、午马、未羊、申猴、酉鸡、戌狗、亥猪。也就是说，子年出生的人都属鼠，丑年出生的人都属牛……据说什么年出生的人就有这种动物的一些特点，这十二种动物就叫做十二生肖，也叫十二属相。

玛丽亚：这个办法是不错，要是我，怎么也不可能记住那些复杂的名称。

孙静怡：是啊，用可爱的动物来代表年份，容易记住，也比较有趣。所以这种习俗到现在还有。

玛丽亚：我有一个问题：中国人大都觉得猫很可爱，可为什么在十二生肖里却没有猫呢？

孙静怡：一种说法是因为古代还没有人们喜爱的家猫，所以人们没有想到用猫做属相；还有一种说法就是来自于你看到的那个关于老鼠怕猫的故事。

玛丽亚：我觉得那个故事挺有意思。那十二个动物的顺序是怎么决定的呢？

孙静怡：有一种比较常见的说法就是：古人把一天二十四小时分成了十二个时辰，每个时辰相当于现在的两个小时，每个时辰也用地支来表示，比如夜里十一点到一点是子时，中午十一点到一点叫午时。每个时辰最适合某一种动物活动，所以就有了这十二种动物的先后顺序。

玛丽亚：这十二种动物中，哪个最好？是龙吗？因为我发现中国人很喜欢龙。

孙静怡：其实没有好与坏，因为它们各有各的特点。

玛丽亚：可是我听说很多人在找对象的时候还要看是不是属相相配。

孙静怡：那都是迷信的说法。还有人说"本命年"②里的人会倒霉什么的……

玛丽亚：对，我也听说过，这是真的吗？

孙静怡：那也是迷信。不过民间的确有这种说法，所以许多人在本命年要系红色的腰带，或者穿红色的袜子什么的。

玛丽亚：为什么都用红色的呢？

孙静怡：红色对于中国人有着特别的意义，那就是象征吉祥和幸福。比如结婚时新娘穿的衣服，门上贴的双喜字什么的，都是红色的。所以本命年里的人也爱穿戴些红色的东西。当然，有很多人根本不信这个，可是他们也喜欢这样做，因为觉得有意思。

玛丽亚：我也觉得有这样一种习俗挺有意思的。生活嘛，应该丰富多彩。明年是我爸爸的本命年，我准备送他一条红腰带，就是不知道他信不信。

孙静怡：信不信没关系，但是他一定会喜欢，因为那代表了你的一份孝心。

词　语

1. 老鼠　　　　lǎoshǔ　　　　rat
2. 时辰　　　　shíchen　　　　two hours
3. 命名　　　　mìng míng　　　name
4. 名称　　　　míngchēng　　　name
5. 古怪　　　　gǔguài　　　　eccentric

6. 引起	yǐnqǐ	cause
7. 配	pèi	match
8. 记忆	jìyì	memory
9. 天庭	tiāntíng	heaven
10. 报名	bào míng	apply for admission
11. 兴奋	xīngfèn	excited
12. 幸运	xìngyùn	lucky
13. 邻居	línjū	neighbor
14. 睡懒觉	shuì lǎnjiào	get up late
15. 赶上	gǎnshàng	catch up
16. 轻松	qīngsōng	relax
17. 脖子	bózi	neck
18. 山坡	shānpō	hillside
19. 咬	yǎo	bite
20. 谜语	míyǔ	riddle
21. 曾	céng	ever; in the past
22. 首相	shǒuxiàng	prime minister
23. 总理	zǒnglǐ	prime minister
24. 生肖	shēngxiào	any of the twelve animals used to symbolize the year in which one is born
25. 历法	lìfǎ	calendar
26. 纪年	jìnián	annal
27. 方式	fāngshì	manner
28. 年份	niánfèn	year
29. 形象	xíngxiàng	image
30. 代表	dàibiǎo	represent
31. 顺序	shùnxù	order
32. 据说	jùshuō	it is said
33. 特点	tèdiǎn	characteristic

34. 属相	shǔxiang	be born in the year of (same as "shēngxiào")
35. 习俗	xísú	custom
36. 相当于	xiāngdāngyú	be equivalent to
37. 适合	shìhé	fit
38. 迷信	míxìn	superstition
39. 倒霉	dǎoméi	bad luck
40. 民间	mínjiān	among the people
41. 的确	díquè	really; redeed
42. 系	jì	tie
43. 腰带	yāodài	belt
44. 象征	xiàngzhēng	symbolize
45. 吉祥	jíxiáng	lucky
46. 新娘	xīnniáng	bride
47. 孝心	xiàoxīn	filial piety

专有名词

1. 玉皇大帝	Yùhuáng Dàdì	the Jade Emperor
2. 田中角荣	Tiánzhōng Jiǎoróng	Tanak Kakuei (田中角栄)
3. 周恩来	Zhōu Ēnlái	Zhou Enlai

注 释

1. 地支(dìzhī, Chinese ancient annal way)：中国古代纪年方式。是指子、丑、寅、卯、辰、巳、午、未、申、酉、戌、亥，共十二个。它与天干(tiāngān, ten Heavenly Stems used as ordinal numbers，甲、乙、丙、丁、戊、己、庚、辛、壬、癸)配合，可以配成六十组，一共代表六十年，每六十年一轮回。

2. 本命年(běnmìngnián, a Chinese zodiac birth year)：在人的一生中，每十二年就会遇到一次与自己生肖相同的年份，这一年叫做他的"本命年"。

 民 风 民 俗

练 习

一

(一) 写出与下列各词相关的词语

老鼠——　　　　地支——　　　　脖子——　　　　山坡——
总理——　　　　生肖——　　　　新娘——

(二) 写出下列词语的反义词

复杂——　　　　兴奋——　　　　幸运——　　　　轻松——

(三) 填上适当的字

(　)起麻烦　　　睡(　)觉　　　猜(　)语　　　(　)腰带

(四) 用合适的字填空

1. 听说明天要去的地方风景非常优美,大家都很(　　)。
2. 在古代,人们是用十二地支来给时辰(　　)的。
3. 地支的名称很复杂,人们总是记不住,玉皇大帝就准备选十二种动物,用它们和十二地支相(　　),帮助人们(　　)。
4. 如果要参加HSK考试,应该先去办公室(　　)。
5. 如果我的闹钟响了以后我没有起床,麻烦你叫(　)我。
6. 我起晚了,来不及吃早饭,就(　　)出发了。
7. 地支是中国古代的(　　)方式。
8. 作为生肖的十二种动物的(　　)是:鼠、牛、虎、兔、龙、蛇、马、羊、猴、鸡、狗和猪。
9. 这件衣服很(　　)你。
10. 红色(　　)吉祥和幸福。
11. 礼物虽小,可是(　　)了他的心。

(五) 举例说明下列词语的含义

1. 迷信
2. 孝心
3. 本命年

二

(一) 根据课文内容回答问题
1. 十二生肖是怎么来的?
2. 十二生肖里有哪些动物?
3. 玉皇大帝为什么要选十二种动物?
4. 为什么老鼠怕猫?

(二) 根据对话内容回答问题
1. 十二生肖和什么有关系?举例说明。
2. 十二生肖的顺序是怎么定的?
3. 十二生肖有什么意义?
4. 过本命年时中国人有什么习俗?为什么?

(三) 根据对话内容判断正误
1. 古代的一个时辰相当于现在的两个小时。☐
2. 关于本命年的说法是科学的。☐
3. 十二生肖的顺序可以改变。☐
4. 龙是中华民族的象征,所以龙是最重要的属相。☐
5. 本命年里的人应该系红色腰带。☐
6. 十二属相里没有猫和鸟。☐
7. 十二生肖里有熊猫。☐

(一) 讨论
1. 你属什么?你觉得属相和性格有关系吗?
2. 中国人常说"子午觉"很重要,你可以根据我们学过的知识判断什么是"子午觉"吗?
3. 谈谈你对本命年的看法。
4. 如果让你给十二属相中的动物各写一个形容词,你觉得什么最合适?

动物名	特点	其他
鼠		
牛		
虎		
兔		
龙		
蛇		
马		
羊		
猴		
鸡		
狗		
猪		

(二) 实践

采访几个人,了解他们的属相是什么,听听他们对属相的看法。

 补充阅读

从十二生肖看性格

鼠　1936,1948,1960,1972,1984,1996
魅力无边的社交高手。善于把握机会。感情丰富,爱发牢骚和乱花钱。

牛　1937,1949,1961,1973,1985,1997
聪慧,自信,工作条理分明,为领袖将才。对家庭尽责,信守权威,但有时顽固保守。

虎　1938,1950,1962,1974,1986,1998
生命的战士,勇往直前。虽好胜,但顾全大局;重感情,但缺乏细心。成功不求自来。

兔		1939,1951,1963,1975,1987,1999 追求享乐的和平使者,温柔文雅,备受宠爱。具商业头脑。有时情绪化。
龙		1940,1952,1964,1976,1988,2000 充满活力,满怀自信,做事总是成功在握,虽然有点骄傲和爱发脾气,却是魅力难当。
蛇		1941,1953,1965,1977,1989,2001 气质浪漫迷人,讲究衣着打扮。本性多疑,爱沉思,喜用直觉判断事物,有财运。
马		1942,1954,1966,1978,1990,2002 性格活泼开朗,机智有口才,外表乐天,甚具人缘,个性独立,主观性强,善于理财。
羊		1943,1955,1967,1979,1991,2003 性格柔和而稳重,有深厚的人情味,思维缜密,有毅力,反抗精神和防御能力极强。
猴		1944,1956,1968,1980,1992,2004 聪明,具创造力,记忆力强。表面合群,但内心个人至上,才华与财富均能兼得。
鸡		1945,1957,1969,1981,1993,2005 好梦想,但敬业乐业,办事有条理,心直口快,表演欲强,爱护家庭,是理财高手。
狗		1934,1946,1958,1970,1982,1994 忠诚,责任感极强。伶牙俐齿,实事求是,慷慨大方,赢得一致信任。
猪		1935,1947,1959,1971,1983,1995 勤劳质朴,与世无争。勇敢,待友真诚。追求物质。不擅理财,但吉星高照。

(摘自 2002 年马年挂历)

第三课　明月几时有

> 中秋节是个什么样的节日？
>
> 中国人在中秋节为什么要吃月饼？
>
> 你听说过"嫦娥奔月"的故事吗？

课　文

明月几时有

　　"明月几时有？把酒问青天"是苏轼的著名诗句。中秋节的时候，苏轼一边赏月，一边喝酒，一边想念自己的弟弟苏辙。诗的最后两句也广为流传："但愿人长久，千里共婵娟。"中国人对月亮的喜爱由来已久。唐代诗人李白的《静夜思》："床前明月光，疑是地上霜。举头望明月，低头思故乡。"也是一首妇孺皆知的咏月诗。中秋佳节是一个富于诗情画意的节日，圆圆的月亮给人们带来无限的情思和联想，也表现人们渴望亲人团聚的美好愿望，因此中秋节又叫团圆节。中秋节是中国的传统节日，时间在每年的农历八月十五。

　　中秋赏月的风俗在很多史书中都有记载，非常普遍，到了宋代更加盛行。在中秋的夜晚，宋代京城开封家家户户在高台、酒楼设酒赏月。南宋杭州赏月的盛况超过了开封。这个夜晚，有凉爽秋风，有明亮银月，富贵人家的子弟纷纷登上高楼或在殿堂前的平台观赏月亮，有的在响亮而有节奏的乐曲中举行丰盛的宴会，人们边说边唱，通宵达旦。没有钱的人家，也要在人工搭的露天平台上安排家宴，合

家团聚，都不愿意辜负这美好的时光。大街上通宵有人做买卖，赏月的游人往来于市，一直到天亮。到现在，中秋节全家人一起畅饮团圆酒，共享团圆饭，或者和朋友一起赏月畅谈，仍然是一件乐事。

中秋吃月饼的习俗也历史悠久。最早时月饼叫小饼或甜饼，因为是中秋节所专用，故称月饼。据说唐代已有专门制作月饼的店铺，而作为中秋节的节令食品，却开始于元代。传说元代末年，朝廷为了巩固统治，防止百姓造反，下令十户人家只允许有一把菜刀，这个做法引起了人们的不满。农民起义的首领为了组织起义，把写有起义时间的纸条夹在饼里，送到各家。中秋之夜，人们看到了饼中的字条，一起举行了起义。到了明代，月饼就不再作为祭月的供品，而是作为节日食品和节日礼品而制作。

月饼的制作方法很讲究。今天的月饼品种很多，各地的月饼都有自己的独特风味，其中著名的有广（广州）式、京（北京）式、苏（江苏）式、潮（广东潮州）式、滇（云南）式等，里面的馅有五仁、豆沙、火腿、莲蓉、蛋黄等。月饼上绘有精美的图案，有嫦娥奔月、九龙戏珠、天女散花和银河夜月等，不胜枚举。

 民 风 民 俗

 玛丽亚 金元智 刘文涛 托马斯

玛丽亚：昨天晚上的月亮很漂亮，很多中国学生都从宿舍出来，有的在校园里散步，有的坐在草地上弹琴唱歌，有的在湖边聊天。他们真浪漫，都像诗人一样！

金元智：我也看见了，好像过节一样。

刘文涛：你知道昨天是什么节吗？

玛丽亚：昨天过节吗？我们白天还上课了。

刘文涛：昨天是农历的八月十五，是中国的传统节日中秋节。

金元智：噢，想起来了。在韩国也有中秋节，我怎么忘了！

刘文涛：是不是太努力学习了？

金元智：不是，不是。一般传统的节日都是妈妈记得最清楚，我记得最清楚的是情人节、圣诞节。

刘文涛：原来是想和女朋友在一起。

托马斯：昨天晚上是在过节吗？怪不得大家那么高兴。中国的传统节日真有意思，好像中秋节是一个专门看月亮的节日。

金元智：不错，中秋节赏月的习俗古代就有了，不过中秋节不只是"看月亮"。

托马斯：还做什么？

金元智：我也说不清楚。

刘文涛：吃月饼，看望亲人、朋友。

托马斯：怪不得商店里、街道两旁到处都是卖月饼的，可以只买一块两块，还可以买成盒的，盒子都特别漂亮。

刘文涛：不错。一般买散装的，是给自己家里的人吃；买包装漂亮的，是送给亲戚朋友的。

托马斯：噢，我现在明白了为什么那么多人买月饼，有的地方还排长队，原来除了自己吃，还要送给别人吃。为什么这个节日叫"中秋节"呢？

刘文涛：中国的农历，七、八、九三个月为四季中的秋季，八月十五

正好在秋季中间,所以叫中秋节,也叫团圆节。
托马斯:为什么也叫"团圆节"?是不是因为月亮在这一天特别圆?
金元智:有道理。
托马斯:每个月都有月亮圆的一天,为什么一定要选八月的十五日呢?
金元智:问得好!
刘文涛:你们知道,中国自古就是一个以农业生产为主的国家。农历八月中旬,正是庄稼成熟、收获的季节。这个时候全家人有机会聚在一起,一边享受收获的喜悦,一边吃美味的月饼,一边欣赏秋天的圆月,所以这一天也叫团圆节。这个习俗一直流传到今天。
金元智:苏轼的"但愿人长久,千里共婵娟"跟月亮有什么关系吗?
刘文涛:当然有啦!"婵娟"在这里指的就是月亮。苏轼这首诗就是在中秋节的晚上写的。他当时非常想念自己的弟弟苏辙,但是由于各种原因他们不能在中秋节这天团聚,所以才写出了这首有名的诗。
金元智:噢,我明白了!这句诗的意思是,虽然和家里的人离得很远,但是他们可以看到同一个月亮。
刘文涛:对!就是这个意思。
托马斯:真是太美了!我一个人在中国上学,不能和家人在一起,这首诗对我很合适。今天晚上我就给妈妈写信,告诉她中国的中秋节和中国的古诗,她一定会和我一样喜欢上中国的文化。文涛,你能不能再多介绍一点中国的节日?
刘文涛:好。中国的传统节日除了有明显的农业文化特色外,大多还都表现出希望合家团圆以及亲友之间礼尚往来的情感。比如春节,不仅仅是庆祝春天的来临,也是民族情感,如对生活的情感、对乡土的情谊、人间的亲情等等的一次总爆发和加深。
托马斯:中国的传统节日和我们国家的节日也有相同的地方。比如圣诞节,也是亲朋好友在一起过的节日。

刘文涛：西方的节日比较重视神,体现的是人与神的关系;中国的传统节日大多重人和事,体现的多是人与自然、人与事(如农事)、人与人的关系,和宗教没关系。

托马斯：中国的传统节日真有人情味:春节要亲朋好友一起过,清明节要祭祖先扫墓,端午节要纪念诗人屈原,中秋节这一天也是一边赏月一边思念亲人和朋友。这下我对中国的节日文化更有兴趣了。

刘文涛：现在你明白为什么苏轼在中秋节的晚上作"明月几时有"那首诗了吧？

托马斯：明白了。中秋节不仅有诗意、浪漫,而且很有意义,今天晚上我要补过一次中秋节,下课后就去买月饼,我还要叫上好朋友一起吃月饼,看月亮。

金元智：我也要给妈妈写一封信,问候全家中秋节快乐。妈妈一定很高兴。

刘文涛：不过,你妈妈接到信的时候,中秋节已经过去了。

金元智：对,对。真不好意思!

托马斯：晚上你写完信,和我们一起赏月好不好？

金元智：当然好,只是今天是八月十六,月亮会不会不圆？

刘文涛：不会。中国有句俗语"十五的月亮十六圆",意思是"十六"的月亮看起来更圆更漂亮。

金元智：好,今天晚上月光下见面。

刘文涛：祝你们玩得开心!

词　语

1.	赏	shǎng	enjoy; appreciate
2.	流传	liúchuán	spread; hand down
3.	婵娟	chánjuān	the moon
4.	由来已久	yóu lái yǐ jiǔ	longstanding

5.	疑	yí	suspect
6.	举（头）	jǔ(tóu)	raise (one's head)
7.	妇孺皆知	fù rú jiē zhī	known to everybody
8.	佳节	jiājié	joyful festival
9.	联想	liánxiǎng	connect in the mind
10.	风俗	fēngsú	customs
11.	普遍	pǔbiàn	universal; general; common
12.	盛行	shèngxíng	prevail
13.	通宵达旦	tōng xiāo dá dàn	all night (long)
14.	辜负	gūfù	be unworthy of; fall short of
15.	专用	zhuānyòng	for a special purpose
16.	节令	jiélìng	season
17.	起义	qǐyì	uprising
18.	夹	jiā	clamp
19.	祭月	jì yuè	offer sacrifices to the moon
20.	制作	zhìzuò	make
21.	讲究	jiǎngjiu	pay attention to
22.	独特	dútè	unique
23.	风味	fēngwèi	flavor
24.	精美	jīngměi	exquisite
25.	图案	tú'àn	design
26.	不胜枚举	bú shèng méi jǔ	too numerous to name
27.	浪漫	làngmàn	romantic
28.	传统	chuántǒng	traditional
29.	专门	zhuānmén	specially
30.	成（盒）	chéng(hé)	a box of
31.	散装	sǎnzhuāng	unpacked
32.	四季	sìjì	four seasons
33.	团圆	tuányuán	family reunion
34.	自（古）	zì(gǔ)	from (ancient time)
35.	中旬	zhōngxún	the middle ten days of a month
36.	成熟	chéngshú	mature

37.	收获	shōuhuò	harvest
38.	机会	jīhuì	opportunity
39.	享受	xiǎngshòu	enjoy
40.	喜悦	xǐyuè	joy
41.	美味	měiwèi	delicious food
42.	欣赏	xīnshǎng	appreciate
43.	团聚	tuánjù	reunite
44.	明显	míngxiǎn	obvious
45.	特色	tèsè	characteristic
46.	礼尚往来	lǐ shàng wǎng lái	courtesy requires reciprocity
47.	爆发	bàofā	break out

专有名词

中秋节　　zhōngqiūjié　　Mid-autumn Festival

练　习

（一）在括号内填入适当的汉字

不（　）枚举　　（　）宵（　）旦　　妇孺（　）知　　礼（　）往来

（二）解释词语

1．盛行

2．风俗

3．精美

4．团圆

5．欣赏

（三）画线连接意思相近的词语

1. 婵娟　　　　　　a. 精致
2. 佳节　　　　　　b. 抬头
3. 举头　　　　　　c. 月亮
4. 盛行　　　　　　d. 中秋
5. 精美　　　　　　e. 流行

（四）根据所给意思写出相应的词

1. 事物的特色（多指地方色彩）。（　　　　）
2. 恰好的时候或时机。（　　　　）
3. 传下来或流传开。（　　　　）
4. 由于某事或某人而想起其他相关的事或人。（　　　　）
5. 独有的，特别的。（　　　　）
6. 物质上或精神上得到满足。（　　　　）

二

（一）根据课文内容判断正误

1. 《静夜思》的作者是苏轼。☐
2. 中秋节在阳历八月十五日。☐
3. 过中秋节的习俗在汉代最盛行。☐
4. 现代人制作月饼是专门为祭祀用的。☐

（二）选择正确答案

1. 中秋节是：
   A. 只为了看月亮　　B. 不只是为了看月亮
2. 苏轼写"明月几时有，把酒问青天"时，思念的是：
   A. 父亲　　　　　　B. 弟弟
3. 农历八月十五是中秋节，因为：
   A. 这一天的月亮最亮最圆
   B. 不仅月亮最美，而且正是农作物收获的季节
4. 宋代京城开封在中秋的夜晚：
   A. 只有富家子弟可以观赏月亮

   B.没钱的人家也不愿意辜负了中秋美好的时光
5. 月饼到明代以后作为：
   A.祭月的供品　　　　B.节日食品和节日礼物

（三）根据课文和对话内容回答问题
  1. "但愿人长久,千里共婵娟"包含了哪些含义？
  2. 喝团圆酒、吃团圆饭说明了中国人的哪些传统思想？
  3. 中国的传统节日有些什么特点？

（一）讨论
  1. 比较你们国家对"团圆"这一概念的理解。
  2. 有关月亮在你们国家有什么纪念活动（或节日）吗？

（二）实践
   在农历八月十五这一天和朋友一起赏一次月,谈谈中秋节。

 补充阅读

嫦娥奔月

"嫦娥奔月"是中国古代的一个神话传说。相传古代有位善于射箭的英雄叫后羿,他有个美丽的妻子名叫嫦娥。当时,天空有十个太阳,禾苗、树木都被烤得焦枯了,地上到处是猛兽、长蛇残害人民,人民危在旦夕。后羿看到这种惨状,挺身而出。他先用弓箭射落了天上九个太阳,只留下一个。天气不那么火热了,大地复苏了,禾苗、树木又生机勃勃起来。后羿又用弓箭射死了遍地的猛兽、长蛇,人民从此得以安居乐业。人民感激后羿,并拥护他做了国王。但是后羿做了国王以后,越来越骄傲,而且喜怒无常,经常随便杀人。人们对他畏之如虎,把他看做暴君。后羿想长生不老,就从昆仑山西王母那里借来了长生不老的药。嫦娥怕他吃了长生不老的药后继续危害人民,就在一天夜里趁后羿不在时,将不老之药偷偷地吃下去了。没想到,她的身子轻轻漂浮起来

了,直向着月亮飞奔而去,从此她就居住在月亮上的广寒宫里。"嫦娥奔月"的故事,经过千百年的流传,几乎家喻户晓了。

　　人们怀念嫦娥,常在月亮圆的时候望月,看到月亮上的一些阴影,就又产生出许多故事来,如"吴刚伐桂"、"玉兔捣药"等。"吴刚伐桂"讲的是古代有个叫吴刚的人,他向神仙学道,意志不坚,神仙就罚他到月宫里去做苦工。月宫里有棵桂树,高五百丈,吴刚每天拿着斧子砍伐,但是他每砍下一截,马上就又长出来。吴刚就这样天天砍,桂树也就天天长,吴刚就将永不停息地砍下去。传说桂树下还有一只兔子,每天抱着玉杵捣药,这就是"玉兔捣药"。

第四课　酒满茶半

> 你有喝茶的习惯吗？
>
> 你了解中国茶的种类吗？
>
> 你知道酒在中国人生活中的作用吗？

课　文

茶·敬茶·敬香茶

清代大书法家、大画家郑板桥在镇江的时候，听说金山寺里的字画不错，就打算去欣赏欣赏。他走进寺庙时，方丈见他一身布衣，就冷冷地招呼了一句："坐。"又对小和尚说了一声："茶。"

郑板桥坐在大殿里，慢慢喝着茶。当时寺内游人不多，方丈就和他聊起天来。交谈之中，听说郑板桥和自己是同乡，连忙把他引进厢房，说："请坐！"并向小和尚喊道："敬茶！"

正聊着，有人报告说知府来到了寺庙门口，方丈忙走出去迎接，并对寺内高喊："上好茶！"然后引知府去方丈室。知府经过厢房时，看到了在桌边喝茶的郑板桥，连忙打招呼："郑先生，今日怎么有雅兴来到此地？"郑板桥说："名山名寺，怎能不游？"

方丈站在一旁，觉得有些奇怪。知府向他介绍道："这位就是有名的大书法家、大画家郑板桥先生。"

方丈一听，不好意思了，连忙向郑板桥拱手道歉："久闻先生大名，没想到今日光临寒寺。失敬！失敬！快请坐，请上坐！"他高声

对小和尚喊道:"敬香茶!"

饮茶赏画之后,郑板桥准备告辞。方丈连忙拉住他,请他为寺庙写一幅字。

郑板桥微微一笑,马上提笔写了一副对联。方丈接过来一看,脸一下子红了。

只见上联写的是:"坐,请坐,请上坐!"

下联是:"茶,敬茶,敬香茶!"

 山本惠 托马斯 刘文涛

山本惠:这副对联真有意思。

托马斯:说到茶,我该向刘文涛请教了。可以给我们讲讲有关中国茶的知识吗?

刘文涛:中国有句俗话:"开门七件事,柴、米、油、盐、酱、醋、茶。"也就是说,茶是人们生活中最平常的东西。

 民风民俗

山本惠：听说中国是茶的原产地？

刘文涛：是的。茶开始时是药用，到了唐代，就成为一般的饮料，而且很普遍了。

托马斯：中国茶有多少种呢？

刘文涛：按照加工方法的不同，可以分为五大类：绿茶、红茶、乌龙茶、紧压茶和花茶。中国的名茶有：龙井茶、碧螺春、祁红、滇红、铁观音、普洱茶和茉莉花茶等等。

托马斯：喝中国茶有很多讲究吧？

刘文涛：可以很讲究，也可以很随便。要是讲究的话，有三点很重要，就是水质、茶具和水温。

托马斯：可以具体说说吗？

刘文涛：一般来说，沏茶应该用软水，最好是山泉水，城市的自来水就差一些了。再说茶具，沏不同的茶，茶具也各有讲究，比如说绿茶，最好是用玻璃茶具。

托马斯：那就可以欣赏茶叶的碧绿与茶水的清亮。

刘文涛：对。最后说说水温。水温太高会破坏茶叶的营养，太低又沏不出茶味，一般在摄氏八十度比较合适。另外，你们听说过"酒满茶半"吗？

托马斯：酒满茶半？

山本惠：我想意思应该是酒要倒满，茶不能倒满。为什么茶不能倒满呢？

刘文涛：一般来说，第二道茶最好喝，所以第一道可以少倒一些，沏出茶味，或者洗去茶尘，再次续茶时味道和颜色就会更好。

托马斯：我发现中国人最喜欢用茶来招待客人。

刘文涛：是的，中国自古就有"客来敬茶"的习俗。

山本惠：你说中国人爱喝茶还是爱喝酒？

刘文涛：这不好做比较，可以说都爱吧。如果说茶体现的是清净和文雅的话，那酒体现的就是热烈与豪放。

托马斯：那就再跟我们说说酒吧。

34

刘文涛：好啊。中国的名酒很多，比如茅台酒、汾酒、五粮液、中国红葡萄酒、长城干白葡萄酒、青岛啤酒、燕京啤酒等等。

托马斯：是不是中国人的生活和酒的联系也很密切？

刘文涛：是的。不论是生日、聚会还是节日，饭桌上都少不了酒。

山本惠：听说中国人把结婚时喝的酒叫"喜酒"。

刘文涛：对，结婚是"喜事"，所以那时抽的烟叫"喜烟"，吃的糖叫"喜糖"，喝的酒也就叫"喜酒"了。婚礼上新婚夫妇还要喝"交杯酒"①呢。

托马斯：我还发现了一件特别的事，就是中国人爱劝酒。有一次我差点儿喝醉了。

刘文涛：劝酒是表示主人的热情，客人喝得越多越痛快，主人就越高兴。不过如果你真不能喝酒的话，他们也不会勉强你。别看他们老喊干杯干杯的，其实不一定真的喝干。

山本惠：是啊，哪儿有那么多海量的人啊。

刘文涛：不过你会发现为了表示主人的热情，中国人倒酒时都是很满很满，这就是人们常说的"酒满茶半"或者"浅茶满酒"里"满"的意思。

托马斯：后来我也习惯了这种气氛，心情好的时候我也喝得很多，很开心，而且发现那时我的汉语也流利得多。

刘文涛：中国有句俗话，叫做"酒后吐真言"，看来应该改成"酒后善外文"了。

词　语

1.	书法家	shūfǎjiā	calligrapher
2.	寺庙	sìmiào	temple
3.	方丈	fāngzhàng	Buddhist abbot
4.	布衣	bùyī	commons; ordinary people
5.	招呼	zhāohu	say "hello" to

6. 大殿	dàdiàn	hall
7. 连忙	liánmáng	in a hurry
8. 引	yǐn	lead to; usher in
9. 厢房	xiāngfáng	wing-room; side room
10. 敬(茶)	jìng(chá)	serve (tea)
11. 知府	zhīfǔ	a prefect in ancient China
12. 雅兴	yǎxìng	be in a cheerful mood
13. 拱手	gǒng shǒu	cup one hand in the other before the chest as an obeisance
14. 道歉	dào qiàn	appologize
15. 久闻大名	jiǔ wén dàmíng	I've long heard of your great name.
16. 寒(寺)	hán(sì)	humble (temple)
17. 失敬	shī jìng	Sorry that I didn't recognize you.
18. 告辞	gàocí	say goodbye to
19. 微微	wēiwēi	a bit
20. 对联	duìlián	couplet
21. 柴	chái	firewood
22. 酱	jiàng	sauce
23. 加工	jiāgōng	process
24. 茶具	chájù	tea set
25. 具体	jùtǐ	concrete
26. 沏茶	qī chá	infuse tea
27. 自来水	zìláishuǐ	tap water
28. 玻璃	bōli	glass
29. 碧绿	bìlǜ	emerald
30. 清亮	qīngliàng	clear and bright
31. 破坏	pòhuài	destroy
32. 营养	yíngyǎng	nutrition; nourishment
33. 摄氏	shèshì	centigrade
34. 尘	chén	dust
35. 续	xù	add

36. 招待	zhāodài	entertain
37. 体现	tǐxiàn	embody
38. 清净	qīngjìng	peaceful and quiet
39. 文雅	wényǎ	elegant
40. 热烈	rèliè	enthusiastic
41. 豪放	háofàng	unbridled
42. 联系	liánxì	get in touch with
43. 密切	mìqiè	intimate
44. 劝(酒)	quàn(jiǔ)	persuade sb. to drink
45. 痛快	tòngkuai	to one's heart content
46. 勉强	miǎnqiǎng	force
47. 海量	hǎiliàng	have a great capacity for liquor
48. 气氛	qìfēn	atmosphere
49. 吐	tǔ	to tell
50. 善	shàn	be good at

 专有名词

1. 郑板桥	Zhèng Bǎnqiáo	Zheng Banqiao
2. 镇江	Zhènjiāng	Zhenjiang
3. 金山寺	Jīnshān Sì	Jinshan Temple
4. 绿茶	lǜchá	the green tea
5. 红茶	hóngchá	the black tea
6. 乌龙茶	wūlóngchá	the oolong tea
7. 紧压茶	jǐnyāchá	the compressed tea
8. 花茶	huāchá	the scented tea
9. 龙井茶	Lóngjǐng Chá	the Dragon Well Tea
10. 碧螺春	Bìluóchūn	the Biluochun
11. 祁红	Qíhóng	the Keemun
12. 滇红	Diānhóng	the Yunnan Black Tea
13. 铁观音	Tiěguānyīn	the Tieguanyin

14. 普洱茶	Pǔ'ěr Chá	the Pu'er Tea
15. 茉莉花茶	Mòlì Huāchá	the Jasmine Tea
16. 茅台酒	Máotái Jiǔ	the Maotai (spirit)
17. 汾酒	Fén Jiǔ	the Fenjiu
18. 五粮液	Wǔliángyè	the Wuliangye
19. 中国红葡萄酒	Zhōngguó Hóng pútáojiǔ	the Red Wine of China
20. 长城干白葡萄酒	Chángchéng Gānbái Pútáojiǔ	the Great Wall White Wine
21. 青岛啤酒	Qīngdǎo Píjiǔ	the Qingdao Beer
22. 燕京啤酒	Yānjīng Píjiǔ	the Yanjing Beer

 注　释

1. 交杯酒(jiāobēijiǔ, cross-glass wine)：婚礼时的一种仪式。仪式前，准备好一壶酒，酒壶上系上红布或红纸条。仪式开始时，新郎新娘双双站立，媒人或者朋友斟好两杯酒，口念祝词："祝你们俩相亲相爱，白头到老，早生贵子……"之后，新郎新娘接过酒杯，交臂而饮。有的地方的习惯是各自饮一口后，互换酒杯，再一饮而尽。

 练　习

（一）选择合适的解释

1. 海量：
   A.海水很多　　　B.能喝很多酒
   C.海有多深　　　D.大海的水量
2. 劝酒：
   A.让别人多喝酒　B.让人少喝酒
   C.请很多人喝酒　D.不让人喝酒

3. 雅兴：
   A.文雅和高兴　　　B.高雅的兴致
   C.非常高兴　　　　D.欣赏艺术品时很高兴
4. 告辞：
   A.告诉　　B.离开　　C.说再见　　D.告诉别人的话

(二) **填上合适的字**
1. 快招（　）客人吃饭吧，别聊了。
2. 听说您的书法很棒，什么时候让我欣（　）欣（　）？
3. 热水已经准备好了，可以给客人（　）茶了。
4. 晚会的气（　）非常热烈。
5. 你说的太简单了，我还不太清楚，可以再（　　）说一说吗？
6. 客人喝酒越多，越（　　），主人就越高兴。
7. 不论是生日、聚会还是节日，饭桌上都（　）不了酒。

(一) **根据课文内容回答问题**
1. 方丈对郑板桥的态度有怎样的变化？为什么？
2. 郑板桥写的对联是什么意思？
3. 方丈看了对联后为什么脸红了？

(二) **根据对话内容回答问题**
1. 中国茶按照加工方法的不同，可以分为几大类？
2. 喝中国茶有哪几方面的讲究？
3. "酒满茶半"是什么意思？
4. 什么是交杯酒？
5. 什么是喜酒？
6. 中国人为什么爱劝酒？

(三) **根据对话内容填空**
1. 开门七件事，柴、米、（　）、（　）、酱、醋、（　）。
2. 茶体现的是（　　）和（　　），酒体现的是（　　）与（　　）。

3. 沏茶的水的温度太高会（　　）茶叶的营养，太低又沏不出茶味。一般在摄氏八十（　）比较合适。
4. 酒和中国人的生活（　　）很密切。
5. 中国是茶的（　）产地。

（四）根据对话内容判断正误

1. 茶开始是做药用，不是一般的饮料。☐
2. 中国人的习惯是茶要倒满，酒不要倒满。☐
3. 沏茶的水的温度不能太低，应该越高越好。☐
4. 城市的自来水水质很好，最适合沏茶。☐
5. 沏绿茶最好用玻璃茶具。☐
6. 干杯的意思就是把酒喝干，所以如果客人不喝干的话，主人会不高兴。☐

（一）讨论

1. 中国自古有"客来敬茶"的习俗，在你们国家怎么样？你们一般用什么招待客人？
2. 你和中国人一起喝过酒吗？你对中国人喜欢劝酒怎么看？
3. 茶和酒在你们国家的生活中有什么意义？

（二）实践

全班开一个茶话会，品尝几种不同的茶，谈谈你的感觉。

 补充阅读

为什么谢茶要用手指扣桌面

相传乾隆皇帝巡视江南的时候，正赶上春天，到处是桃红柳绿，乾隆的兴致好极了，见到街边一个小茶馆，就叫随从一同进去饮茶。一高兴，忘记了自己的身份，抓起茶壶就给身边的臣仆斟茶。这一举动，把臣仆们弄得不知所措。因为按照皇宫的礼节,皇帝给臣仆们递送东西时,臣仆要立即跪下去接,可这时他们是在一般的茶馆中,而且按约定,无论如何不准暴露皇帝的身份,因此臣仆不敢当众下跪。可是如果不下跪,又有杀头之罪。这可把臣仆们为难坏了。一个臣仆灵机一动,想出了一个好办法。只见他用两个手指屈成双腿的姿势,在皇帝的台面上"跪"了几下,以示感激皇帝的恩典。

　　这个故事传开以后,很多人都用同样的办法表示对敬茶人的感谢。久而久之,就演化成现在的在台面上点几下以表示感谢的礼俗。

语 言 文 字

第五课　南腔北调

> 你知道中国有多少方言区吗？
>
> 你知道普通话和方言的关系吗？
>
> 北京话就是普通话吗？

课　文

方言·普通话

暑假时，我从城里的学校回到了在山区的家。我已经三个月没有回家了。和以前一样，回家后总要和家人、亲友坐一坐。由于我想练练普通话，便用普通话与亲友们说话。没想到不管我和谁说话，谁都说我说话"变味"了，还有人说我说话"洋"起来了。

说话本来是表达思想感情的一种方式，可是各地有各地的方言，各地的方言又不相同，有的甚至差别很大，于是就出现了交流上的困难。正因为这样，国家才推广普通话。普通话的推广，方便了全国各族人民之间的交流。会说普通话是现代社会的人必需的基本技能之一，不会说普通话就像少了一条腿一样不方便。然而在现实社会中，方言仍是人们交流的主要工具，特别是偏远地区，说标准普通话的人很少见。这是什么原因呢？我想一是怕被别人笑话，就像我说普通话时被人认为变"洋"了一样，人都是怕被笑话的；二是人们一般会觉得，与熟人在一起时说普通话没有亲切感。

普通话是中国人的共同语言，来自天南海北各个地方的人们，都要靠它来沟通思想。如果一个东北人和一个南方人坐在一起谈生意，如果双方都不懂普通话而用各自的方言，生意就很难做下去。

什么时候才能人人都说普通话呢？

（根据2002年中国消费网上资料改写）

对话 托马斯 刘文涛 金元智

托马斯：有一次在中国朋友家看电视，电视里正在演一个小品，我的朋友看得哈哈大笑，可是我听不太懂，老得问他是什么意思。

刘文涛：其实他们说的是带方言味儿的普通话，在小品表演里使用这种语言，可以有一种特别的艺术效果。

金元智：我听说中国的方言有很多种，是吗？

刘文涛：对。光汉族就分八大方言区：北方方言区、吴方言区、湘方言区、赣方言区、客家方言区、闽北方言区、闽南方言区和粤方言区。

托马斯：哪个方言区最大呢？

刘文涛：是北方方言区，占汉族人口的70%以上，分布于中国的北部，还包括四川、贵州、云南、西藏，以及江苏、安徽、江西、湖南沿长江的部分。

金元智：贵州和云南不在北方，怎么也在北方方言区里呢？

刘文涛：中国历史上有几次北方人大规模向南方（包括云贵地区）

移民。这些移民所带来的语言就在当地保留了下来。北方方言范围大，使用人口多，内部结构统一，这在世界上十分罕见。

托马斯：那什么是普通话呢？

刘文涛：普通话是和方言相对而言的。《现代汉语词典》是这样解释普通话的："现代汉语的标准语，以北京语音为标准音，以北方话为基础方言，以典范的现代白话文著作为语法规范。"

托马斯：是不是说北京话就是普通话？

刘文涛：它们之间不能划等号。现代的北京话和其他方言比较，保留的古音成分最少，语音结构也简单，所以，普通话选用北京语音为基础。但是普通话不包括北京方言土语里的一些语音，比如北京话里儿化和轻声特别多，大部分不能吸收到普通话里去。

托马斯：中国历史那么长，国土那么大，方言那么多，要统一语言肯定很不容易。

刘文涛：是的。中国自古就是方言复杂的国家，交流非常不便。远在春秋战国时期，各诸侯国之间交往很多，为了交流和沟通，就形成了一种共同使用的语言，叫"雅言"，意思是标准的、大家都应该遵守的共同的语言。到了明代，出现了官场上通行的话，叫做官话。

金元智：人们能接受吗？

刘文涛：一般百姓很少有人愿意学官话。但是语言不通会影响政令的推行，清朝的雍正皇帝就曾下令推行过官话。19世纪末，中华民族有识之士努力寻求富国强民之路，他们受日本教育普及和国语（东京语）统一的影响，建议推行以北京话为标准的国语。后来，正式把官话正名为"国语"。到了1919年五四运动①时期，白话文运动②大大促进了国语运动的发展，才确定以北京语音作为标准语音。

金元智：那"普通话"这个名称是什么时候出现的呢？

南腔北调

刘文涛：这个名称早在清朝末年就已经存在，和国语是差不多同时出现的，但是当时所指的内容并不十分明确。1955年，国家才确定以"普通话"作为汉民族共同语的正式名称。

托马斯：我想普通话对于中国的意义是相当大的。

刘文涛：是啊！你想像一下，每天晚上七点到七点半，全国九百六十万平方公里的人都在电视机前，看着"新闻联播"③，听着标准的普通话，同时接收世界各地的信息，那是怎样的情景？

词　语

1.	南腔北调	nán qiāng běi diào	mixed accent
2.	洋	yáng	fashionable
3.	差别	chābié	difference
4.	出现	chūxiàn	appear
5.	交流	jiāoliú	communicate
6.	推广	tuīguǎng	to popularize
7.	必需	bìxū	necessities
8.	基本	jīběn	basic
9.	技能	jìnéng	skill
10.	然而	rán'ér	but
11.	现实	xiànshí	reality
12.	仍	réng	still
13.	偏远	piānyuǎn	remote
14.	熟人	shúrén	an acquaintance
15.	天南海北	tiān nán hǎi běi	all over the country
16.	靠	kào	depend on
17.	沟通	gōutōng	bridge; communicate
18.	小品	xiǎopǐn	a short, satirical play
19.	效果	xiàoguǒ	effect
20.	占	zhàn	make up

45

21. 分布	fēnbù	distribute
22. 大规模	dàguīmó	large scale; mass
23. 移民	yímín	immigrant
24. 保留	bǎoliú	keep
25. 范围	fànwéi	scope
26. 结构	jiégòu	structure
27. 罕见	hǎnjiàn	rare
28. 典范	diǎnfàn	model; type
29. 著作	zhùzuò	works
30. 规范	guīfàn	standard
31. 等号	děnghào	sign of equation
32. 土语	tǔyǔ	local dialect
33. 吸收	xīshōu	absorb
34. 诸侯国	zhūhóuguó	small countries under an emperor
35. 雅	yǎ	graceful
36. 官场	guānchǎng	official circles
37. 通行	tōngxíng	in common use
38. 百姓	bǎixìng	common people
39. 政令	zhènglìng	government command
40. 寻求	xúnqiú	seek after
41. 富国强民	fù guó qiáng mín	to make a country rich and strong
42. 普及	pǔjí	popularize
43. 促进	cùjìn	promote
44. 存在	cúnzài	exist
45. 明确	míngquè	clear and definite
46. 确定	quèdìng	determine
47. 正式	zhèngshì	formal
48. 接收	jiēshōu	receive
49. 信息	xìnxī	information

专有名词

雍正　　　Yōngzhèng　　　　Emperor Yongzheng

注　释

1. 五四运动(Wǔsì Yùndòng, the May 4ᵗʰ Movement)：1919年5月4日爆发的反帝爱国运动。第一次世界大战结束后，1919年1月，美、英、法、日等国家在巴黎召开和平会议，中国军阀政府在人民的压力下，要求取消外国人在中国的特权，收回山东的被日本夺去的一切权利等，遭到拒绝，政府决定在和约上签字。消息传出后，全国人民都很愤怒。5月4日，北京数千名学生在天安门前集会，并举行游行示威。这场运动影响到全国。中国代表最终没有在和约上签字。五四运动同时也是一场反对封建文化的运动，陈独秀主编的《新青年》杂志，首先提出了"民主"与"科学"的口号，对现代中国影响很大。
2. 白话文运动(Báihuàwén Yùndòng, Vernacular Movement)：白话是汉语书面语的一种。中国近代的很多小说及通俗文学都是用白话写的。其特点是基本上以北方话为基础，与一定时代的口语相接近，容易为当时及以后的人民群众所接受和运用。五四运动时期，提倡以现代口语为基础的白话，为表现新思想、创作新文学提供了有利条件。
3. 新闻联播(Xīnwén Liánbō, Prime Time News)：中国重要电视节目。每天晚上七点开始，节目时间一般为半小时，由中央电视台一台主播，全国各地电视台同时转播，节目内容主要是中国和世界各地的新闻。

练　习

（一）造句

　　1. 仍
　　2. 效果

3. 占

4. 保留

5. 吸收

6. 普及

7. 促进

8. 确定

(二) 选词填空

少见　方言　差别　交流　方便　人口　范围　思想　社会　推广
偏远　各自　来自　共同　谈　靠　工具　技能　结构　罕见

1. 说话是表达（　　）感情的一种方式，各地有各地的（　　），有的（　　）很大，于是就出现了（　　）上的困难。正因为这样，国家才（　　）了普通话。

2. 会说普通话是现代社会的人必需的基本（　　）之一，不会说普通话就像少了一条腿一样不（　　）。然而在现实（　　）中，方言仍是人们交流的主要（　　），特别是（　　）地区，可以说标准普通话的人很（　　）。

3. 普通话是中国人的（　　）语言，（　　）天南海北各个地方的人们，都要（　　）它来沟通思想。如果一个东北人和一个南方人坐在一起（　　）生意，如果双方都不懂普通话而用（　　）的方言，生意就很难做下去。

4. 北方方言（　　）大，使用（　　）多，内部（　　）统一，这在世界上十分（　　）。

(三) 填上适当的字

南（　）北（　）　　（　）南（　）北　　方（　）（　）语
新闻联（　）　　沟（　）思想　　（　）国（　）民

(一) 根据课文内容回答问题

1. "我"和家乡人说普通话，结果怎么样？
2. 为什么要推广普通话？

3. 在偏远地区,为什么很多人不愿意说普通话?

(二) **根据对话内容判断正误**
1. 在小品里使用的带方言味儿的普通话,可以有一种特别的艺术效果。□
2. 北京话就是普通话。□
3. 北方方言区在中国的北方。□
4. 中国最大的方言区是北方方言区。□
5. 推行官话是一件很受欢迎的事情。□
6. "普通话"这个名称是在五四运动的时候出现的。□

(三) **根据对话内容回答问题**
1. 什么是普通话?
2. 普通话和北京话是什么关系?
3. 中国有几大方言区?是哪几个?
4. 说一说"雅言"、"官话"和"普通话"这几个名词的关系。

(一) **讨论**
1. 对于课文中的"我"的经历,你有什么看法?
2. 普通话对于中国这样一个国家来说有什么意义?
3. 你们国家的语言情况是怎样的?官方语言是什么?有多少种方言(或方言区)?

(二) **实践**
1. 采访几个会说方言的中国人,请他们说同样内容的话,记录他们的方言发音,与普通话做比较。
2. 采访几个中国人,请他们谈谈对于方言的看法。
3. 听相声《方言与普通话》的录音或者看录像。
4. 学几句方言给大家表演。

 补充阅读

甲：方言不容易懂，各地人说的普通话也带着地方特点。

乙：听不懂就闹笑话。有一次我在广东出差，排队上公共汽车。正排队的时候，身后来了一个人，我一看是位比我大十几岁的女士过来想问我一句话。

甲：她想问什么？

乙：她想问："同志，你是不是站在最后一个？如果你站在最后一个，我排在你的后面。"

甲：按顺序排队上车。

乙：这句话用广东话说，写成汉字是这样的："你是不是最尾？"

甲：哦，"尾巴"的"尾"。

乙：这"尾"在广东话里又不发"尾"的音，它发"美(měi)"。她知道我是北方人，听不懂广东话，所以就说了广东味儿的普通话，结果闹笑话啦！

甲：什么笑话？

乙：我给你学学。她走过来拍拍我的肩膀，说："Dǒngzī ya, nǐ sì bú sì zuì měi ya？"（懂资（同志）呀，你似（是）不似（是）最美（队尾）呀？）

甲：最美呀？

乙："Nǐ sì zuì měi wǒ ài nǐ la!"（你似（是）最美（队尾）我爱（挨）你啦！）

甲：爱你啦？

乙：她说她爱我。我一听，我想这人有病，我别理她了。正在这时候，公共汽车来了，我们两个一起上了公共汽车。车上人比较多，比较挤，我不小心挤了她一下。她又说了："Wèi, dǒngzī nǐ bú yào ài wǒ ya!"（喂，懂资（同志）你不要爱（挨）我呀！）

甲：你又"爱"她了。

乙：我说："你怎么说话呢？我怎么爱你啦？我怎么爱你啦？"

甲：她怎么回答？

乙：她一听也不高兴了："Wa, nǐ bù jiǎnglǐ ya, nǐ méiyǒu ài wǒ nǐ ài shuí la?"（哇，你不讲理呀，你没有爱（挨）我你爱（挨）谁啦？）

甲：哎，她还肯定了。

乙："你管得着我爱谁吗？"我火了："我就爱你就爱你就爱你，怎么了？"

甲：别着急。

乙：我一急她也急了，忘了说普通话，说了句广东话："Nà nǐ ài wǒ wǒ hǎo xìngfú a!"（那你爱（挨）我我好幸福（辛苦）啊！）

甲：这什么意思啊？

乙："你挨我我好辛苦啊！"她说她"辛苦"。

甲：你听成什么了？

乙：我听成"幸福"了，我以为她说："你爱我我好幸福啊！"

（根据《中国相声大全》(12)姜昆、唐杰忠合说的相声《方言研究》剪辑）

第六课　汉字的来历

> 汉字是怎么创造出来的？
>
> 常用的汉字有多少？
>
> 有又快又好的学习汉字的方法吗？

课　文

一位中学老师的汉字谱系

　　刘小余是一位高中语文老师，他喜爱集音、形、义于一体的方块字胜过一切。但是汉字的确难写、难记、难读，而传统的教学方法又是老师讲、学生记，学习方法很单调。有没有新的方法来解决学习汉字的"三难"问题呢？刘老师思考着。

　　有一次，刘老师从朋友家里看到一本《英语词汇的奥秘》，从中受到启发。他想：英语的词由词根和词缀组成，那汉字也应该有词根和词缀。从此以后，他像发现新大陆一样开始研究汉字，他的节假日几乎没有休息过。

　　刘老师将五万多个汉字逐个排列，逐个分析，并结合许多有关论述汉字的专著进行研究。工夫不负有心人，他终于找到了学习汉字的"捷径"。刘老师认为汉字的产生，有其内在的规律：一是模仿人类自身，如"人"（人是侧站状）；二是模仿自然物，如"月"（月是不满状）；三是模仿人类征服自然所创造的物质和精神，如"且"（且是敬神牌位）。他把汉字产生的三大规律作为三大氏族，仿照姓氏族

谱的式样,也给汉字修起谱系来。在三大氏族下面共分为一百六十八个母系族,再分成一千个子系族,又从子系族中分成若干个更小的子系族……他将所有的汉字一一对号入座,定名为"汉字谱系"。其最大的特点是:找出汉字内在的字根规律,只要抓住一个字根,便可掌握由它孳生出来的若干个汉字。这样,学习者将会事半功倍地提高学习汉字的效率。

刘老师的汉字研究还在继续,他的故事感动了很多人。如果研究成功的话,将为21世纪学习汉语的人做一件功德无量的事。

(根据2002年2月22日红网——三湘都市报文章改写)

  玛丽亚 孙静怡

玛丽亚:原来我以为只有留学生"怕"汉字,没想到中国学生也"怕"汉字。
孙静怡:是啊。初学汉字的人,谁都会"怕"。
玛丽亚:为什么?

孙静怡：首先，汉字的数量多，比如《汉语大字典》收录了五万四千六百七十八个汉字；其次，汉字是一种字符文字，它由若干个笔画拼合成偏旁部件，再由若干个偏旁部件拼合为一个方块字，不论笔画多少，结构多么复杂，都要写得工整对称，这的确不是一件容易的事。

玛丽亚：虽然字典上收录的字很多，但日常用的字却不需要那么多，对吗？

孙静怡：是这样。1988年，国家公布的《现代汉语通用字表》里，共有七千个。

玛丽亚：在中国，一个受过中等教育的人，大约能认多少汉字？

孙静怡：三千多字。

玛丽亚：阅读书报没有问题了吧？

孙静怡：对。1988年，国家公布的《现代汉语常用字表》共有三千五百个汉字。其中常用字两千五百个，次常用字一千个。掌握了这么多常用字，阅读一般报刊书籍基本上够用，但要阅读专业报刊书籍，只认识常用字还不够。

玛丽亚：汉字难认更难写，每个汉字仿佛都被严格地限制在一个无形的画框里面，简直就像一幅用线条组合起来的画儿。刚学写汉字的时候，我常常不知道从哪里下笔。

孙静怡：表面上看是这样的，要是掌握了汉字结构的规律，就不会觉得那么难了。

玛丽亚：具体介绍一下汉字好吗？

孙静怡：好。汉字是表意文字，笔画的搭配表示一定的意义，明白了笔画之间的关系，就记住了汉字的意思。相反，理解了字的意思，也就能够记住字的形状和写法。比如"木"用甲骨文写，你看像什么？

玛丽亚：像棵树。

孙静怡：这就是早期的汉字甲骨文①中的"木"字。

玛丽亚：我听说汉字是由图画文字发展起来的，有象形的特点，可现在的汉字好像看不出来了。

孙静怡：这是因为字体的变化。比如"木"字，从 ✳（甲骨文）—✳（金文）—✳（篆字）—木，字体由象形逐渐变成字符，它的象形特点也就看不出来了。

玛丽亚：字体的演变，是不是跟书写工具或印刷术的变化有关？

孙静怡：这是原因之一。此外，人们在书写汉字时，求简求快，以便更加实用，这也是字体变化的重要原因。如"女"字：✱（甲骨文）—✱（金文）—✱（小篆）—女（隶书）—女。当然，有了雕版印刷以后，字符化的规范要求更高了。

玛丽亚：现在使用的汉字，最早都是象形字吗？

孙静怡：根据文字学家的研究，汉字有两种：一是单体字，如日、月、木、本、刀、刃等，它们是由基本的笔画组合的；二是合体字，如明、休、请、湖等，它们是由两个或两个以上的部件拼合成的。这两种汉字是用四种方法创造出来的。

玛丽亚：那第一种造字方法创造出来的字，一定是象形字②吧？

孙静怡：是的。像日（☉）、月（☽）、木（✳）、刀（ㄅ），都是用象形的方法创造出来的，也都是独体字。所以有独体象形的说法。

玛丽亚：那本、刃也是独体字，它们也是象形字吗？

孙静怡："本"（✳）、"刃"（ㄅ）都是在"木"、"刀"的基础上添加符号（一横"一"和一"丶"）来表达新的意思。用这种方法创造出来的字叫指事字③。所以，指事字是在独体字的基础上添加符号。

玛丽亚：有些字的意思复杂，无法用图画来表示，这样的字是怎样创造的？

孙静怡：意思复杂的字，大都是合体字，创造的方法有两种：一是会合两个或两个以上的字，组成新字以表达新的字义，如"日"、"月"会合为"明"，"小"、"大"会合为"尖"，"不"、"正"会合为"歪"，两个"木"会合为"林"，三个"木"会合为"森"。用这种方法创造的字就叫做会意字④。

玛丽亚：真有意思！

孙静怡：再说形声字⑤。比如"晴"、"请"、"清"、"情"，左边的"日"、

"言"、"水"、"心"是形符,表示字义,也叫形旁;右边的"青"是声符,表示读音,也叫声旁。用这种方法创造出来的就叫做形声字。

玛丽亚:汉字中的形声字多吗?

孙静怡:很多。在现存汉字中,大约占百分之八十。

玛丽亚:早知道这种方法就好了,那样我可以认识更多的汉字。

孙静怡:并不是所有的形声字都可以念半边。因为在汉字发展过程中,有些字的读音发生了变化。比如"倩(qiàn)"、"菁(jīng)"都不读"青",如果念半边,就会闹笑话了。

玛丽亚:无论怎样,知道了汉字的来历和造字方法,对于解决学习汉字的"三难"问题还是有很大帮助的。

孙静怡:要是刘小余老师的"汉字谱系"研究成功,说不定会给留学生学汉字提供一个更新的捷径呢。

玛丽亚:我们等待他的好消息,并祝他早日成功!

词 语

1.	谱系	pǔxì	pedigree
2.	单调	dāndiào	dry and dull
3.	思考	sīkǎo	think over
4.	奥秘	àomì	profound mystery
5.	启发	qǐfā	enlighten
6.	词根	cígēn	root of a word
7.	词缀	cízhuì	affix
8.	新大陆	xīndàlù	the New Continent; the new world
9.	节假日	jiéjiàrì	holiday
10.	逐个	zhúgè	one by one
11.	论述	lùnshù	expound
12.	专著	zhuānzhù	monograph

13. 工夫不负有心人	gōngfu bú fù yǒuxīnrén	persistent efforts will bring forth success
14. 捷径	jiéjìng	shortcut
15. 模仿	mófǎng	imitate
16. 征服	zhēngfú	conquer
17. 氏族	shìzú	clan
18. 仿照	fǎngzhào	be in imitation
19. 族谱	zúpǔ	family tree
20. 修	xiū	write
21. 对号入座	duì hào rù zuò	take one's seat according to the number on the ticket
22. 孳生	zīshēng	multiply
23. 事半功倍	shì bàn gōng bèi	get twice the result with half the effort
24. 效率	xiàolǜ	efficiency
25. 功德无量	gōng dé wú liàng	inestimable good deeds and merits
26. 字符	zìfú	word
27. 拼合	pīnhé	put together
28. 偏旁	piānpáng	radical
29. 部件	bùjiàn	component
30. 工整对称	gōngzhěng duìchèn	neat and symmetrical
31. 收录	shōulù	include
32. 书籍	shūjí	books
33. 仿佛	fǎngfú	as if
34. 限制	xiànzhì	limit; restrict
35. 画框	huàkuàng	frame
36. 线条	xiàntiáo	line
37. 组合	zǔhé	consist of
38. 表意	biǎoyì	to express the meaning

39. 搭配	dāpèi	come together with
40. 演变	yǎnbiàn	evolve; develop
41. 印刷术	yìnshuāshù	printing
42. 雕版印刷	diāobǎn yìnshuā	wood block for printing
43. 添加	tiānjiā	add
44. 声符	shēngfú	phonic symbol
45. 来历	láilì	origin

 注 释

1. 甲骨文（jiǎgǔwén, Oracle-bone Scripture）：是中国三千多年前刻在龟甲和兽骨上的文字，也是现存年代最早的成批的汉字资料，内容多是殷人占卜的记录。现在的汉字就是从甲骨文演变而来的。
2. 象形字（xiàngxíngzì, Hieroglyph）：汉字的造字方法之一。指画出事物的形状来表明字义的汉字。
3. 指事字（zhǐshìzì, Self-explanatory Characters）：汉字的造字方法之一。指在象形字的基础上，添加指示符号来表明字义所在的汉字。
4. 会意字（huìyìzì, Associative Compounds）：汉字的造字方法之一。指把两个以上的字合并在一起，并把它们的字义合起来表现一个新义的汉字。
5. 形声字（xíngshēngzì, Pictophonetic Characters）：汉字的造字方法之一。指由"形"和"声"两部分合成的汉字，"形"旁和字的意义有关，"声"旁和字的读音有关。

 练 习

（一）请搭配出合适的词语

　　1. 填入名词

　　　　模仿（　　）　仿照（　　）　规范（　　）　添加（　　）

2. 填入动词

( )奥秘　　( )新大陆　　( )来历　　( )捷径

（二）选择合适的词语填在括号内

奥秘　族谱　事半功倍　功德无量　工整对称　偏旁　组合　演变

1. "日"是独体字,没有(　　　)。
2. 如果我们能发现汉字的(　　　),那就找到了学习汉字的捷径。
3. 刘老师仿照姓氏(　　　)来寻找汉字之间的关系。
4. 汉字的笔画虽然不同,但写出来都应该(　　　　)。
5. 会意字都是由两个以上的字(　　　)成的新字。
6. 如果学习方法非常好,学习效果就能(　　　　)。
7. 由于字体的(　　　),现在汉字中的象形字已经看不出来了。
8. 爱迪生发明了电灯,可以说他给人类做了一件(　　　　)的事。

（三）用本课的词语填空

1. 每天都是上课、吃饭、睡觉,生活很(　　　)。
2. 他学习汉字的方法很好,给我很大的(　　　)。
3. 小孩子学发音,总是从(　　　)开始的。
4. 自从知道了汉字的造字方法之后,我学汉字的(　　　)比以前高多了。
5. "歪"是由"不"和"正"两个字(　　　)成的。
6. "刃"字的造字方法是在"刀"字上(　　　)指事符号。
7. 这部词典(　　　)了很多现在流行的新词语。
8. 汉字的字体在(　　　)过程中,象形性越来越弱,符号性越来越强。
9. 象形字是(　　　)实物形体而创造出来的。
10. 我找不到与它(　　　)的汉语词汇,只好采用音译。

二

（一）根据课文内容判断正误

1. 刘老师喜欢汉字超过一切。☐
2. 传统的学习汉字的方法很有意思。☐
3. 刘老师研究汉字的目的是想让自己认识更多的汉字。☐
4. 刘老师花了很多时间研究汉字,但是没有找到规律。☐

  5．如果刘老师的研究成功的话，用他的方法学习汉字可以更快。□

（二）**根据对话内容判断正误**

  1．中国人和外国人都觉得汉字难写、难记、难读。□
  2．如果掌握了三千五百个常用汉字，就能阅读一般书籍和报刊了。□
  3．汉字的笔画搭配没有任何意义。□
  4．“森"是一个象形字。□
  5．汉字中的独体字是用象形的方法创造出来的。□

（三）**根据课文和对话内容回答问题**

  1．汉字的产生有规律吗？
  2．刘老师认为汉字的规律是什么？
  3．汉字的造字方法有几种？请举例说明。

（一）**讨论**

  1．根据你对汉字的了解，你觉得刘老师总结的汉字规律有道理吗？
  2．根据汉字的造字规律，你认为用什么办法能更快地学习汉字？请举例说明。

（二）**实践**

  1．介绍一下你学习汉字的方法。
  2．准备一些汉字，按照你提供的认字方法，限定时间，让大家进行认字试验。

 补充阅读

汉字的拆卸与拼装

  汉字是可以拆卸和拼装的。大部分的汉字都是由偏旁部首和独体字组合而成的。也就是说，汉字本来就由一些基本"零件"拼装成的。按照中国传统文字学来看,汉字的基本零件有"指事"和"象形"两种。指事是抽象的符号,比如:上、下和数目字,等等。象形是具体的实物图画,如"牛"、"马"、"日"、"月"之类。从字形上,它们是不可分的,古人称之为"文",现在我们称做独体字。拼装起来的字有"形声"和"会意"两种,形声是由形旁和声旁组成的,比如"洋",三点水是表示形,而"羊"表示音。这类字最多。会意字,比如:"古"是"十"、"口"两字合成,表示一件事传授了十次,就不是新的而是旧的了。形声和会意两类字,都可分解,也就是说可以拆成零件。古人称之为"字",现在我们称之为合体字。这样的字在汉字中占了绝大部分。汉字造字的时候就给拆卸拼装创造了条件,所以后来才有拆字式的文字游戏。

(根据1996年3月《华人文化世界》何礼同名文章改编)

拆字的笑话

明朝的崇祯皇帝带了随从私访,见到一个测字的先生。皇帝要测字,说了一个"友"字,测字先生说:"问什么事?"答:"国家大事。"测字先生说:"不好,反贼已经出头了。"("反"字左面的长撇写出头就与"友"字一样)随从忙说:"不对,是没有的'有'。"先生说:"更不好,大明天下丢了一半。"("有"字拆开是"十"和"月",正是"大"字和"明"字的一半)随从慌了,改口道:"是申酉戌亥的'酉'字。"先生说:"太不好了,至尊无脚也无头,皇帝连命都没有了("尊"字去掉头上两点,去掉脚下的"寸"字,就是"酉"字)。你还是换个字吧。"

这里用了三个同音字,通过拆卸拼装,把明朝灭亡的情形大体说出来,的确巧妙。但是别把这事情当成真的,这是明亡之后清朝文人编出来的。不过汉字确实可以拆卸拼装,的确很有趣,它可以折射出多层面的文化现象,因而它的文化意义大大超过了文字本身的意义。

(出处同上)

第七课　语言中的盐——成语

成语是怎么来的？

成语有哪些特点？

怎样使用成语？

课　文

狐假虎威

老虎在山林捉到一只狐狸，要吃掉它。狐狸连忙说："你不能吃我，因为我是天帝派来统治百兽的。你要吃了我，就违抗了天帝的命令。"老虎不相信。于是狐狸又说："要是你不相信的话，就跟我一起到山林里走一趟，看看动物们见了我是不是都很害怕。"老虎接受了狐狸的建议，就跟在它的后面走进了山林。果然，所有的动物看见它们都纷纷逃命。老虎以为动物们真的害怕狐狸，于是就相信了狐狸的话，把它放走了。其

实,那些动物怕的是狐狸身边的老虎,而不是狐狸。

后来,人们就用"狐假虎威"这个成语来比喻依仗别人的势力去欺压或吓唬他人的人。

(根据《战国策·楚策一》改写)

胸有成竹

文同是宋朝的一位画家,他特别喜欢画竹子。为了画好竹子,文同在自己家的院子里种了许多竹子,并且经常仔细观察竹子的生长过程,了解竹子的特性。比如,在春夏秋冬不同的季节,在晴天和下雨之后,竹子的形态都是不一样的。由于他对竹子的各种形态都非常熟悉,非常了解,一旦画起竹子,他的心中早已有了现成的竹子形象,所以能够把竹子画得跟真的一样。

后来,人们就用"胸有成竹"这个成语比喻在做事情以前,已经有了充分的考虑和准备,因而显得非常有信心,成功的把握也非常大。

(根据《苏轼·文与可画筼筜谷偃竹记》改写)

卧薪尝胆

春秋时代,越国被吴国打败了,越王勾践和他的妻子一起被带到吴国做苦工。吴王夫差经常派人偷偷观察勾践的行动,见他们生活得很苦,可是对吴王却没有怨言,就放心了。后来觉得他们很可怜,于是就放他们回越国了。

勾践回去以后,怕自己过上舒适的生活后就忘了在吴国遭受的耻辱,特意给自己安排了一个艰苦的生活环境。晚上他睡在柴草(薪)上,并在屋里挂一个苦胆,每天吃饭和睡觉以前,都要尝一尝苦胆的味道,提醒自己不要忘记过去的耻辱。勾践亲自劳动,鼓励人民努力生产,发展越国。经过十年的艰苦奋斗,越国终于打败了吴国,越王勾践不但报了仇,还成了当时的霸主。

"卧薪尝胆"这个成语告诫人们,不要忘记失败的教训,应该刻苦自励,发愤图强。

(根据《史记·越王勾践世家》改写)

托马斯: 真有意思,每个成语都是一个有趣的故事。这些故事都是文学家创造的吗?

刘文涛: 有的是,有的不是。

托马斯: 它的来源有很多种吗?

刘文涛: 是的。不过最主要的有四种。

托马斯: 如果我没猜错的话,"狐假虎威"一定来自寓言故事。

刘文涛: 你猜得很对。的确,这个成语出自《战国策·楚策一》。当时楚国有一个贵族叫昭奚恤,楚王很信任他,让他掌管军队和国家的大权,很多人都怕他,而不怕楚王,楚王觉得很奇怪。于是,一个叫江一的人就给楚王讲了这个寓言故事。

托马斯: 江一的意思是说那个姓昭的人是依仗楚王的权势欺压别人?

刘文涛: 对。

托马斯: 用这种办法讲道理倒不错,不仅生动形象,而且深刻。

刘文涛: 所以人们把这种寓言故事凝练成结构固定、意义完整的成语来使用。

托马斯: "卧薪尝胆"看起来可不像是寓言。

刘文涛: "卧薪尝胆"的故事来自历史,是中国古代发生的事,史书上有记载。

托马斯: 中国的历史那么长,发生的事情很多,这类成语一定很多吧?

刘文涛: 确实很多。比如"一鸣惊人"①、"完璧归赵"②、"纸上谈兵"③、"指鹿为马"④等等,都是人们熟悉的。

托马斯: 看来通过成语也可以了解中国历史。另外两种呢?

刘文涛: 一种来自古代文学作品,比如"胸有成竹",就出自苏轼的散文,另一个成语"一刻千金"⑤出自他的《春夜》诗(春宵一夜值千金,花有清香月有阴)。还有一种成语是从民间

口语中来，比如"信口开河"⑥、"虎头蛇尾"⑦、"南腔北调"⑧等等。

托马斯：我看到的成语，差不多都是由四个字组成，很整齐。所有的成语都是这种形式吗？

刘文涛：成语的结构形式基本上是四个字，多于四个字或少于四个字的成语也有，比如"下马威"⑨、"情人眼里出西施"⑩，但这类成语数量比较少。

托马斯：虽然成语大多是四个字，结构是固定的，但我还是常常分不出哪些是成语，哪些是普通的词组。

刘文涛：成语有两个基本特征：一个是固定的结构，中间不能随意更换或插入别的字；二是意义的整体性，也就是说，一个成语就是一个完整的意义单位。

托马斯：怪不得我的老师说，在组句时可以把成语当做一个词来使用。

刘文涛：组句时，成语的功能相当于一个词，但是它的表现力却比一般的词强得多。所以，人们在写文章的时候，如果能恰当地使用成语，可以使文章显得很有文采；如果在演讲或对话中恰到好处地使用成语，可以使演讲或对话变得更生动，更有表现力和感染力。

托马斯：难怪人们把成语称为语言中的"盐"。

刘文涛：中国有成语的历史很长，这些成语大部分都有出处，也就是来历。有些成语从字面上不难理解，如"小题大做"⑪、"后来者居上"⑫，有些成语必须知道来历才能懂得意思，如"杯弓蛇影"⑬、"朝三暮四"⑭等。

托马斯：成语的历史那么长，那它们的意思有没有变化？

刘文涛：有些成语发生了变化。比如，有些成语的感情色彩变了，有些成语的意义会有新的转化，还有些成语适用的范围发生了变化。

托马斯：能举个例子吗？

刘文涛：你知道"朝三暮四"这个成语的来历吗？

托马斯：知道一点儿。古代有一个人养了许多猴子,他每天喂它们橡子,慢慢地猴子们都能听懂主人说的话了。后来主人家里穷了,不能给猴子吃那么多了,他就对猴子们说:"以后每天早上给三个,晚上给四个。"猴子们一听都生气了。于是主人又改口说:"早上给四个,晚上给三个,好吗?"猴子们都高兴地接受了。

刘文涛：这个成语原来的意思是表示欺骗的手段,后来比喻说话、做事反复无常。

托马斯：我非常想多了解一些成语,有比较好的书或成语辞典吗?

刘文涛：有。到书店的工具书里去找。

托马斯：好。我明天就去买。

词语

1.	狐假虎威	hú jiǎ hǔ wēi	the fox borrowing the majesty of the tiger
2.	捉	zhuō	catch; seize
3.	狐狸	húli	fox
4.	百兽	bǎishòu	all animals
5.	违抗	wéikàng	disobey
6.	趟	tàng	measure word for trip
7.	逃命	táo mìng	run for one's life
8.	比喻	bǐyù	figure of speech
9.	依仗	yǐzhàng	rely on
10.	欺压	qīyā	bully and oppress
11.	吓唬	xiàhu	frighten
12.	胸有成竹	xiōng yǒu chéng zhú	have a ready plan in mind
13.	观察	guānchá	observe
14.	特性	tèxìng	characteristic
15.	形态	xíngtài	shape

16.	熟悉	shúxī	familiar
17.	充分	chōngfèn	sufficient
18.	把握	bǎwò	master
19.	卧薪尝胆	wò xīn cháng dǎn	sleep on brushwood and taste gall (endure hardship to remind oneself of national humiliation and prepare for revenge)
20.	苦工	kǔgōng	hard work
21.	怨言	yuànyán	complaint
22.	可怜	kělián	pity
23.	遭受	zāoshòu	suffer
24.	耻辱	chǐrǔ	shame
25.	特意	tèyì	on purpose
26.	鼓励	gǔlì	encourage
27.	艰苦奋斗	jiānkǔ fèndòu	hard struggle
28.	霸主	bàzhǔ	overlord
29.	告诫	gàojiè	exhort; admonish
30.	教训	jiàoxùn	lesson
31.	刻苦自励	kèkǔ zìlì	work hard and encourage oneself
32.	发愤图强	fā fèn tú qiáng	make determined effort to do well
33.	创造	chuàngzào	create
34.	来源	láiyuán	source
35.	寓言	yùyán	fable
36.	掌管	zhǎngguǎn	in charge of
37.	生动	shēngdòng	vivid; lively
38.	深刻	shēnkè	profound
39.	凝练	níngliàn	concise
40.	结构	jiégòu	structure
41.	固定	gùdìng	fixed
42.	记载	jìzǎi	record
43.	散文	sǎnwén	essay

语言中的盐——成语　第七章

44.	特征	tèzhēng	characteristic
45.	文采	wéncǎi	literary elegance
46.	表现力	biǎoxiànlì	ability to express oneself
47.	感染力	gǎnrǎnlì	appeal
48.	出处	chūchù	source
49.	感情色彩	gǎnqíng sècǎi	mood emotion
50.	橡子	xiàngzi	acorn (nut of an oak tree)
51.	工具书	gōngjùshū	reference book

 专有名词

昭奚恤　　Zhào Xīxù　　Zhao xixu

 注　释

1. 一鸣惊人（yì míng jīng rén, once it cries, the cry shocks all）：内容见本课"补充阅读"。

2. 完璧归赵（wán bì guī zhào, the jade back to Zhao without any damage from Qin）：出自《史记·廉颇蔺相如列传》，本来指蔺相如将和氏璧完好无损地自秦国送回赵国。后来泛指把原物完好无损地归还本人。

3. 纸上谈兵（zhǐ shàng tán bīng, can only talk about strategy on paper）：出自《史记·廉颇蔺相如列传》，本来指赵括只会谈论兵法，不能实际指挥作战。后来比喻不合实际的空谈。

4. 指鹿为马（zhǐ lù wéi mǎ, point a deer to a horse on purpose）：出自《史记·秦始皇本纪》，本来指秦朝宰相赵高故意以鹿为马欺骗秦二世，官员们害怕赵高的权势不敢揭穿谎言。后来比喻公然歪曲事实，颠倒是非。

5. 一刻千金（yí kè qiān jīn, time are valuable）：时间像金子一样，一点儿都不能浪费。比喻时间极为宝贵。

6. 信口开河（xìn kǒu kāi hé, talk nonsense）：随口乱说。

7. 虎头蛇尾（hǔ tóu shé wěi, the head is as big as a tiger's, but it's tail as

thin as a snake's):头大如虎,尾细如蛇。比喻做事有好的开头却没有好的结尾。

8. 南腔北调(nán qiāng běi diào, talking with mixed accent):形容说话口音不正,夹杂着方言。

9. 下马威(xià mǎ wēi, put on airs tightly at the beginning of one's office):原来指官员到任后,故意对下属很厉害,显示威风。现在比喻先给对方一点儿厉害,以显示威风。

10. 情人眼里出西施(qíngrén yǎn li chū xīshī, beauty lies in the lover's eyes):指因为爱,所以觉得对方什么都美。

11. 小题大做(xiǎo tí dà zuò, make a fuss over a trifling matter):比喻不恰当地把小事当做大事来处理。

12. 后来者居上(hòuláizhě jū shàng, the latecomers surpass the oldtimers):比喻后来的人或事物可以超过先前的。

13. 杯弓蛇影(bēi gōng shé yǐng, have a groundless obsession with fear):古时候,一个人到上司家喝酒,墙上挂的一张弓的影子映入酒杯,他误以为杯里的蛇被喝进肚子里,吓得生了大病。当他明白那不过是场误会时,他的病不治就好了。后来比喻因疑惑不解而自己惊扰自己。

14. 朝三暮四(zhāo sān mù sì, chop and change):比喻做事情反复无常。

 练 习

一

(一) 请搭配出合适的词语

1. 填入名词

统治(　　)　　违抗(　　)　　接受(　　)　　把握(　　)

观察(　　)　　了解(　　)　　遭受(　　)　　鼓励(　　)

2. 填入动词

亲自(　　)　　刻苦(　　)　　发愤(　　)　　纷纷(　　)

(二) 根据句子的意思选择合适的成语填在括号内

完璧归赵　纸上谈兵　一刻千金　信口开河　虎头蛇尾　南腔北调

小题大做　朝三暮四　下马威　情人眼里出西施

1. 借用他人的东西，或者替别人保管物品，能完好地交还给对方。
（　　　　　）
2. 只是空谈计划，没有实际行动。（　　　　　）
3. 时间像金子一样宝贵，一点儿都不能浪费。（　　　　　）
4. 随意乱说，对自己说的话不负责任。（　　　　　）
5. 做事情开始时很有声势，但最后却草草结束了。（　　　　　）
6. 语音不标准，说话时夹杂着南北方言。（　　　　　）
7. 一开头就想向对方显示威力。（　　　　　）
8. 一个男人如果爱一个女子，就会觉得她是最漂亮的。
（　　　　　）
9. 把很小的事情当做非常大的事情来做。（　　　　　）
10. 做事情常常改变主意，反复无常。（　　　　　）

（三）在括号中填上适当的汉字

狐（　）虎威　　胸有（　）竹　　卧（　）尝胆　　刻苦（　）励

发（　）图强　　指鹿（　）马　　杯弓蛇（　）　　后来者（　）上

二

（一）根据课文内容判断正误

1. 老虎不能吃狐狸，否则就违抗了天帝的命令。□
2. 动物们见到狐狸和老虎后都马上逃跑了，因为它们怕老虎。□
3. 狐狸借老虎的威风吓跑了小动物，却让老虎相信了它是百兽的统治者。□
4. "胸有成竹"中的"成竹"，指的是长大了的竹子。□
5. 文同画竹子画得好是因为他对竹子非常了解。□
6. "卧薪尝胆"的字面意思是睡在柴草上，每天都尝一尝苦胆的味道。□
7. 越国失败了，所以很穷，国王只好睡在柴草上。□
8. 越王睡柴草和尝苦胆是为了提醒自己不要忘记过去的耻辱。□

（二）根据对话的内容回答问题

1. 成语是怎么来的？

2. 成语有什么特点？
3. 使用成语有什么好处？
4. 怎样使用成语？
5. 学习成语或查找成语有什么好方法？

（一）讨论

1. 怎样才能了解一个成语的意思？
2. 多使用成语好不好？
3. 留学生要不要学更多的成语？

（二）实践

1. 给同学们介绍一个成语故事，并举例说明这个成语的用法。
2. 查阅成语词典，寻找一组意思相近或相反的成语。
3. 比一比，看谁会说的成语最多。

 补充阅读

一鸣惊人

战国时，齐国的威王继承王位已经三年了，他整天在官里喝酒作乐，从来不管也不问国家大事，朝政一片混乱，邻国常常来侵略。眼看国家就要灭亡了，大臣们都很着急，但是又不敢直接批评齐威王。这时，有个喜欢说笑话的大臣，叫淳于髡(kūn)，他想了一个办法。

一天,上早朝的时候,淳于髡对齐威王说:"有一个谜语,我和许多人都猜不着,大王您最聪明,能猜猜吗?"

齐威王说:"可以。"

淳于髡说:"听说齐国有一只大鸟,就住在王宫里,一住三年,不飞也不叫,大王您知道这是什么鸟吗?"

齐威王心里明白淳于髡是在说他,就笑着说:"此鸟不飞则已,一飞冲天;不鸣则已,一鸣惊人。"

从此以后,齐威王开始亲自管理国家,发展生产和军队,还率领军队打败入侵的魏国军队。其他的国家看到齐国的变化,都很震惊,纷纷归还了以前侵占的齐国土地。齐国成为当时最强大的国家之一。

后来,人们常以"一鸣惊人"这个成语比喻平时默默无闻,突然间就做出了惊人的成绩。

对牛弹琴

春秋时代,鲁国有一个音乐家叫公明仪,他的琴谈得非常好。有一天,他看见一头牛在独自吃草。他想:它多寂寞呀,我给它弹几首曲子,让它快乐快乐。于是,他先弹了一首高雅的曲子。牛仍旧低头吃草,没有任何反应。他又弹了几首通俗的曲子,牛不但没有听下去,反而连草也不吃,摇着尾巴走了。

后来,人们用"对牛弹琴"这个成语比喻对不懂道理的人大讲道理是白费口舌,有轻视对方的意思,有时也用来嘲笑那种说话不看对象的人。

门庭若市

战国时代,齐国的大臣邹忌向齐威王建议道:"要想治理好国家,应该广泛听取别人的意见。"齐威王觉得很有道理,于是就发布了一道命令:"不论是官员还是普通老百姓,凡是能当面批评我的过失的,就给上等奖赏;凡是能写出意见来批评我的,给中等奖赏;凡是在公共场所议论和批评我并且让我知道的,给下等奖赏。"命令公布以后,大家纷纷跑到齐威王那里去提意见,王宫门前像集市一样。

(根据《战国策·齐策一》改写)

第八课　不到长城非好汉

> 你知道孟姜女哭倒长城的故事吗？
>
> "不到长城非好汉"这句话是谁说的？
>
> 长城到底有多长？是从哪儿到哪儿？
>
> 长城是谁修建的？

课　文

孟姜女的故事

从前，陕西同官县有一户姓姜的人家种了一架葫芦，架上有一枝蔓爬到了邻居孟员外①家的院子里，结了一个挺好看的大葫芦。两家都想要这个葫芦，哪知道用刀把葫芦一切开，从里面跳出来一个漂亮的小姑娘。给孩子起个什么名字呢？两家人一合计，觉得这是两家共同的后代，就决定给孩子起名叫孟姜女。

一晃十几年过去了，孟姜女长成了一个聪明、漂亮的大姑娘。

当时，秦始皇正在到处抓壮丁②修建长城。苏州有个书生叫范杞梁，他听说秦始皇到处抓人做工，心里非常害怕，就更名改姓，急忙外出逃生。这天晚上，范杞梁逃到孟员外家的后花园，正好赶上孟姜女带着丫鬟③在乘凉。她看到树后藏着一个人，叫出来一看，是个年轻的书生，品貌出众，心中就产生了几分爱意。后来听了范杞梁详细的叙述，对他更加怜惜。于是，孟姜女来到孟员外跟前，一五一十地说了事情的全部经过。孟员外就让范杞梁做了上门女婿④。

名 胜 古 迹

但是过了不久,范杞梁就被人发现了,县官下令让他去修长城。

范杞梁被抓走后,孟姜女非常思念丈夫,她天天盼着丈夫回来,可是一点儿范杞梁的消息也没有,她心里十分痛苦。

春去秋来,转眼就到了十一月。天气越来越冷,孟姜女想到丈夫走时还穿着单衣,很为他担心,就决定去给丈夫送冬天的衣服。她告别了家人,向北方走去。她不清楚丈夫在哪儿,只知道是在北方。她想只要方向不错,就一定能走到丈夫修长城的地方。

一路上,孟姜女跋山涉水,经历了千难万险,终于来到了长城附近,但怎么都打听不到丈夫的下落。孟姜女感到痛苦而又绝望,就坐在长城边上大哭起来,一连哭了三天三夜,哭得天昏地暗,鬼神动容。她哭着哭着,突然听到"轰隆"一声巨响,原来是八百里长城都被她哭倒了。长城脚下,赫然露出了她丈夫范杞梁的尸体。孟姜女哭着扑了过去,给他穿上了自己亲手做的棉衣,然后一头撞死在丈夫旁边的山石上。

后世的人们有感于孟姜女与范杞梁之间的忠贞爱情,以及对秦始皇修长城而给老百姓带来的痛苦非常不满,所以一直把这个故事传诵下来。现在,在河北省秦皇岛市附近的山海关长城,还有一座姜女庙呢。

对话 托马斯 山本惠 刘文涛

托马斯：山本，最近一直没有看见你，忙什么呢？
山本惠：嗨，又有两个朋友从日本到北京来玩儿，他们汉语说得不好，我理所当然得给他们当导游啊。昨天是最后一个"节目"——参观长城。不瞒你们说，这已经是我第九次登上长城了。
托马斯：这么说，你已经当了九回好汉了，真让人佩服。
山本惠：但肯定还不是最后一次。没办法，谁让长城这么有名呢。对每一个来中国的外国人来说，长城几乎都是非去不可的地方，"不到长城非好汉"⑤嘛！
托马斯：我上小学时就听老师说过，第一个登上月球的美国宇航员在月亮上拍摄的照片，能看到的最明显的人造工程就是万里长城。说到这里，我正好有一些关于长城的问题想问问你们俩呢。你们一个是学历史的，一个是长城专家，一定能回答我的问题。
刘文涛：你先别吹捧我们啊。关于长城的知识太多了，我知道得也很有限，只是看过一些这方面的书而已。你想知道些什么？
托马斯：可多了。首先，我想知道长城到底是从哪儿到哪儿，它真的有一万里长吗？其次，我想知道长城的历史，是谁开始修筑的？为什么要修长城？再次……
刘文涛：哎，对不起，你先等等吧。你的问题像连珠炮似的⑥，我们都不知道先回答什么好了。咱们一个一个地慢慢来啊。
山本惠：我知道长城的起止点。它东起辽宁丹东的虎山，经过内蒙古、山西、陕西、宁夏，向西一直延伸到甘肃的嘉峪关，总长有一万四千多华里⑦呢，所以被称为"万里长城"。
刘文涛：人们都认为是秦始皇开始修长城的，其实，早在秦代以前的春秋战国时期人们就开始修长城了。当时北方有个匈奴民族，经常侵犯中原地区，秦、赵、燕等国家为了防御他们入侵，就都在北部边境上修建了长城。

托马斯：那为什么人们一说到长城，总是喜欢把它和秦始皇联系起来呢？

山本惠：从孟姜女的故事就可以看出来，秦始皇那时候修建长城的规模特别大。

刘文涛：有这方面的原因。秦始皇统一中国以后，下令拆除了一些以前诸侯国建的长城，并派大将蒙恬率领三十万大军，在打败了匈奴之后，用了十几年的时间，连接并延长了以前的长城，总共有一万里长呢。

托马斯：这么说我们现在看到的长城就是秦始皇时候修的？

刘文涛：还不能这么说。秦代以后的许多朝代都修筑过长城，特别是明朝，前后三次大规模地扩建长城，用了二百年的时间，完成了东起辽宁虎山，西到嘉峪关的全部工程，这才是我们今天所见到的万里长城呢。

托马斯：在长城上，每隔一百多米，就会有一个高出城墙的方形建筑，还有上下两层，那是不是叫烽火台？

刘文涛：准确地说，那个建筑应该叫做"敌台"，它是专门供瞭望和射箭用的，下层可以存放武器，也是士兵休息的地方。你说的烽火台，是城墙之外单独的建筑物，一般建在山顶或其他便于瞭望的地方，差不多每隔十里有一个，它的作用是传递军事情报。

山本惠：它是不是靠烧火传递消息？

刘文涛：如果是白天，那就燃烟；如果是晚上，那就点火。台台相传，很快就能把军情传递出去。

山本惠：古人只是用人力和简单的工具，就修筑了这么浩大的工程，而且还是在自然条件那么险恶的情况下，得花费多少血汗和辛劳啊。据说有人统计过，假如把长城上的砖块和石头用来建一条高二点五米、宽一米的城墙，可以绕地球一周还绰绰有余呢。我每次登上长城，看到那蜿蜒起伏、雄伟壮观的景象，心里都会很激动。

刘文涛：这也是很多人共同的感受。古人非常巧妙地利用了山脉与河流的自然条件，把长城的绝大部分都修建在山脊上，既起到了很好的军事防御作用，又形成了独特的人文景观，真可以说是中华民族智慧和力量的结晶。

托马斯：不过我还有个问题。古人花了这么大的力气修筑了这条"东方巨龙"，到底有没有起到它应有的作用呢？

刘文涛：从历史的角度来看，长城的作用确实不能小看。它既是大规模的军事防御工程，又是经济和文化交流的通道，周围许多城市的兴起、经济文化的繁荣、农业的开发，都得益于长城的防御和口岸作用。

托马斯：既然古人给我们创造这么好的文化遗产，我们就应该好好地保护和欣赏它呀。山本，北京周边的长城景观就有很多，你一定都去过了吧？

山本惠：真是去了不少地方。北京郊区的八达岭、慕田峪、居庸关、司马台、金山岭、黄花城什么的就不用说了，连河北的山海关、天津的黄崖关、甘肃的嘉峪关都去过。

托马斯：你说的这些地方除了八达岭以外，其他的我都没去过。

山本惠：那还不好办？下个月我姐姐和姐夫要来，我少不了又要陪他们逛长城，到时候叫上你不就得了？

托马斯：那太好了，咱们一言为定啊！

词　语

1.	葫芦	húlu	gourd
2.	枝	zhī	branch
3.	蔓	wàn	creeping weed
4.	合计	héji	consult
5.	晃	huǎng	flash past

6.	书生	shū shēng	scholar
7.	更改	gēnggǎi	change
8.	逃生	táo shēng	run for one's life
9.	乘凉	chéng liáng	relax in a cool place; enjoy the cool
10.	品貌出众	pǐn mào chū zhòng	outstanding character and looks
11.	爱意	àiyì	love
12.	叙述	xùshù	narrate
13.	怜惜	liánxī	have pity for
14.	一五一十	yī wǔ yī shí	in full detail; to narrate jully
15.	下令	xià lìng	command
16.	思念	sīniàn	miss
17.	盼	pàn	look forward to
18.	跋山涉水	bá shān shè shuǐ	travel across mountains and rivers
19.	千难万险	qiān nán wàn xiǎn	innumerable difficulties and dangers
20.	下落	xiàluò	whereabouts
21.	绝望	juéwàng	desperate
22.	天昏地暗	tiān hūn dì àn	a murky sky over a dark earth
23.	鬼神动容	guǐ shén dòng róng	even the ghosts and the spirits are moved
24.	轰隆	hōnglōng	boom; bang; rumble
25.	赫然	hèrán	obviously
26.	尸体	shītǐ	dead body; corpse
27.	有感于	yǒugǎnyú	be moved by
28.	忠贞	zhōngzhēn	loyal and steadfast
29.	传诵	chuánsòng	be widely spread
30.	理所当然	lǐ suǒ dāng rán	of course
31.	导游	dǎoyóu	tour guide
32.	佩服	pèifú	respect; admire

33.	宇航员	yǔhángyuán	astronaut
34.	吹捧	chuīpěng	flatter
35.	侵犯	qīnfàn	invade
36.	防御	fángyù	defend
37.	瞭望	liàowàng	keep watch
38.	射箭	shè jiàn	archery
39.	传递	chuándì	pass on; transmit
40.	情报	qíngbào	information; intelligence
41.	浩大	hàodà	grand
42.	险恶	xiǎn'è	perilous
43.	花费	huāfèi	cost
44.	血汗	xuèhàn	sweat blood
45.	统计	tǒngjì	count
46.	砖块	zhuānkuài	brick
47.	绰绰有余	chuòchuò yǒu yú	more than enough
48.	蜿蜒起伏	wān yán qǐ fú	zigzag and undulate
49.	雄伟壮观	xióngwěi zhuàngguān	magnificent
50.	山脊	shānjǐ	the ridge of a mountain
51.	人文景观	rénwén jǐngguān	artificial scene
52.	智慧	zhìhuì	wisdom
53.	结晶	jiéjīng	crystallization
54.	口岸	kǒu'àn	port; seaport
55.	遗产	yíchǎn	heritage
56.	一言为定	yì yán wéi dìng	that's settled

专有名词

1.	秦始皇	Qínshǐhuáng	Emperor Qinshihuang
2.	苏州	Sūzhōu	Suzhou
3.	匈奴	Xiōngnú	Xiongnu

名　胜　古　迹

 注　释

1. 员外(yuánwài, rich person in ancient time)：课文中是对古代一般的地主富豪的称呼。
2. 壮丁(zhuàngdīng, able-bodied man)：指达到当兵年龄的青壮年男子。
3. 丫鬟(yāhuan, servant girl)：以前有钱人家雇用的女孩子。
4. 上门女婿(shàng mén nǚxu, son-in-law who lives in wife's house after marriage)：婚后去岳父岳母家居住的男子。
5. 不到长城非好汉(bú dào Chángchéng fēi hǎohàn, who doesn't go to the Great Wall is not a true man)：毛泽东诗词《清平乐·六盘山》中的句子。
6. 像连珠炮似的(xiàng liánzhūpào shìde, speak rapidly like a machine gun)：比喻说话又多又快。
7. 华里(huálǐ, li)：长度单位，1 华里＝0.5 公里＝500 米。

 练　习

（一）根据句子的意思写出四字词语

1. 品德和相貌超出众人。（　　　　）
2. 比喻叙述事情又清楚又全面。（　　　　）
3. 翻越山岭，趟水过河，形容旅途艰苦。（　　　　）
4. 形容艰难和危险很多。（　　　　）
5. 形容刮大风时满天沙土的景象。本课中形容程度深。（　　　　）
6. 从道理上说应该这样。（　　　　）
7. 形容很宽裕，用不完。（　　　　）
8. 形容山脉弯弯曲曲地延伸。（　　　　）
9. 形容景观雄壮而伟大。（　　　　）
10. 用一句话说定，不再改变。（　　　　）

（二）选择合适的词语填空

合计　逃生　乘凉　叙述　怜惜　下令　绝望　思念　传诵

1. 自古至今，人们一直（　　）着关于孟姜女忠贞爱情的动人故事。
2. 经理（　　），这些工作今天必须做完。
3. 大家都很（　　）这只得了重病的小狗。
4. 假期快到了，我们一起（　　）一下，这次去哪儿旅游。
5. 在中国南方的夏天，人们有晚上在室外（　　）的习惯。
6. 小王在国外留学时，非常（　　）父母家人。
7. 约会的时间已经过了一个小时，可女朋友还没有来，他有点（　　）了。
8. 当发生火灾时，我们应该用正确的方法（　　），而不要慌张地乱跑。
9. 今天上课时，老师让小明把课文里的故事再（　　）一遍。

佩服　吹捧　侵犯　防御　瞭望　传递　花费　统计　射箭

10. 他会说好几种语言，大家都很（　　）他。
11. 古代时，匈奴常常（　　）中原地区。
12. 为了写好这篇作文，小丽（　　）了大量的时间和精力。
13. 每当眼睛疲劳时，她都会站在阳台上向远处（　　）一番。
14. 请你（　　）一下，我们班有多少男生，多少女生。
15. （　　）是奥运会的比赛项目之一。
16. 烽火台的主要作用是（　　）军事情报。
17. 最近媒体都在（　　）一位名导演的新电影，我真想去看一看。
18. 比赛时，我们不能只是（　　），而应该积极进攻。

（三）在括号内填入合适的名词

忠贞的（　　）　险恶的（　　）　浩大的（　　）

（一）根据对话的内容填空

1. 长城东起（　　　）的虎山，经过（　　）、（　　）、（　　）、（　　），向西一直延伸到甘肃的（　　　）。
2. 早在（　　　）时期人们就开始修长城了，目的是防御（　　　）民族

的入侵。

3. 秦始皇统一中国以后，派大将（　　）率领三十万大军，用了（　　）年的时间，连接并延长了以前的长城。

4. 长城上的"敌台"是专门用来（　　）和（　　）的。

5. 烽火台是城墙之外单独的建筑物，一般建在（　　）或其他（　　）的地方，差不多每隔（　　）里有一个，它的作用是（　　　　）。

6. 现在成为旅游景点的长城有北京的（　　）、（　　）、（　　）等，还有河北的（　　）、天津的（　　）、甘肃的（　　）等。

（二）根据课文内容选择正确答案

1. 孟姜女的来历是：
   A. 是她妈妈把她生下来的
   B. 是天上下来的仙女
   C. 是从葫芦里出生的

2. 范杞梁是哪儿的人？
   A. 苏州　　B. 西北　　C. 同官县

3. 范杞梁为什么外出逃生？
   A. 家乡发生了水灾
   B. 躲避秦始皇抓人做工
   C. 家乡发生了战争

4. 范杞梁后来在孟姜女家：
   A. 被孟姜女的父亲收养
   B. 在孟姜女家做工
   C. 成了孟家的上门女婿

5. 孟姜女之所以要去寻找丈夫，是因为：
   A. 给丈夫送棉衣
   B. 反对修长城
   C. 打听丈夫的下落

6. 孟姜女为什么哭了三天三夜？
   A. 因为看到了丈夫的尸体
   B. 因为听说丈夫已经死了
   C. 因为找不到丈夫而痛苦

(三) 根据对话内容回答问题

1. 长城的起止地点在哪儿？为什么被称为"万里长城"？
2. 古人为什么要修长城？秦始皇是第一个开始修长城的吗？
3. 长城跟秦始皇有什么关系？
4. 我们现在看到的长城是什么时候修筑的？
5. 解释一下"敌台"和"烽火台"的区别和它们的主要功能。
6. 从历史的角度来看，长城起到了什么样的作用？

(一) 讨论

1. 你游览过长城吗？说说自己游览过的长城的情况和感受。
2. 你认为长城的伟大之处表现在什么地方？
3. 你怎么样理解长城在中国人生活中和精神上的地位？
4. 介绍你们国家的一处著名的人文景观，说说它所体现的文化。

(二) 实践

1. 画出你心目中的长城，或拿出关于长城的照片，搞一次关于长城的图片展览。
2. 全班同学分头去找一些关于长城游览点的资料，总结出每个游览点的特色，搞清楚它们的具体位置和交通路线，为假日旅游做好准备。

 补充阅读

烽火戏诸侯

周朝的幽王是个昏君，他非常宠爱王妃褒姒(Bāosì)，因为褒姒长得如花似玉，十分美丽。但是，不知道为什么，褒姒每天都闷闷不乐，脸上从来没有笑容。

周幽王很想看到褒姒笑起来的样子，他叫人扮鬼脸逗褒姒笑，但是褒姒无动于衷。幽王想到褒姒爱听撕绸缎的声音，就叫宫女每天撕绸缎给她听，可褒姒还是不笑。幽王只好下了一道命令："谁能让王妃笑一下，就奖赏他一千

两金子！"

　　大臣虢(Guó)石父为了讨好幽王,建议在骊山的烽火台点燃烽火,让王妃开心。另一位大臣郑伯友极力反对,他认为这是拿国家的安危开玩笑。可是幽王不听他的劝告,带着褒姒向骊山进发。

　　上了骊山,幽王就下令点燃烽火。周围的诸侯们一见到烽火,以为是敌人打来了,立即带领兵马奔向骊山。当他们赶到骊山以后,却看见幽王和褒姒正在城楼上寻欢作乐。这时,幽王派人下令："没有敌人入侵,各位受惊了,都回去吧！"

　　城楼上的褒姒看到这么多的兵马白跑了一趟,觉得很有趣,终于笑了起来。幽王很高兴,回宫以后,果然赏了虢石父一千两金子。这样的事情连续发生了好几次,受骗的诸侯和将士们都非常生气。

　　后来,真的有敌人来侵犯了,诸侯们看到了烽火台的报警信号,但都以为是幽王又在开玩笑,就都没有来。这样,敌人轻而易举地攻进了国都,杀死了周幽王,西周就这样灭亡了。

第九课　地下长城兵马俑

> 你参观过兵马俑吗？你知道它的历史文化价值吗？
>
> 你们国家有什么样的丧葬制度？
>
> 你对帝王大修陵墓怎么看？

课　文

地下长城

　　1974年春天，陕西省临潼县的农民在秦始皇陵东面一点五公里处打井，意外地挖出了陶俑。专家们马上进行挖掘，发现了秦始皇陵的陪葬坑。现在已经挖掘了1号、2号、3号三个俑坑，出土了兵马俑七千多件。这支"地下军队"的出土，立刻轰动了世界，认为兵马俑是"世界第八奇迹"，是一个"地下长城"。

　　根据《史记》记载，嬴政即位为秦王时，就在骊山建造自己的坟墓。他公元前221年统一六国后，又令各个国家的"罪人"七十万到骊山继续修建，前后加起来，经过了三十六年才完工。陵中有百官的牌位，有豪华的宫殿，有无法计算的珠宝；还用水银造了江河大海，机械转动，水银就可流动；用黄金制成天上飞的大雁和水中游的野鸭，用鱼油膏做灯烛在陵中燃烧，用各种玉石刻成松树、柏树；还命令工匠特制了自动弓箭，如果有人来盗墓，就会自动放箭。

　　三个坑中的陶俑，都是仿照真人塑制，面貌各不相同，发型也是各种各样，身高一点八米左右；陶马身长两米，高一点五米，大小

如同真马。这些数量众多的兵马俑,几千个排成军阵,那雄壮的气势使每个参观的人不禁肃然起敬。据专家说,在世界上还没有出现过这样巨大的雕塑群。这支埋藏在地下两千年的军队,展示了一幅中国古代军事的画卷。不过,我们现在看到的军阵只是秦兵马俑的一小部分,其余的还埋在地下,如果它们全都站起来,那该多么壮观啊!

可惜这座豪华的地下宫殿曾经遭受到极大的破坏。秦始皇死后不到七年,项羽占领了咸阳,就带领军队放火烧毁各个宫殿,挖掘秦始皇陵墓。传说有一个放羊的孩子,丢失了一只羊。他带着火把找羊的时候,走进了秦始皇陵旁边的一个洞口,后来忘了把火把带出洞来,结果引起了一场大火,一直烧到了陵墓的前面,原来这个洞口就是通往秦始皇陵的一个通道。秦始皇陵还在被不断地考察、开掘。它的真实面貌到底是怎样的,只有等全部开掘出来以后才能知道。

现在,秦始皇陵作为一个名胜古迹被人们所关注,陵内的兵马俑和各种兵器成为专家们研究秦代历史、政治、经济、军事、文化、艺术、科学的难得的重要资料。

托马斯　 玛丽亚　 山本惠

托马斯：你们知道人死以后要到什么地方去吗？
玛丽亚：不是天堂，就是地狱，还有第三种可能吗？
山本惠：你说的这两个地方是传说，谁也没见过。
托马斯：那你是什么意思？
玛丽亚：我问你们的地方是能被活着的人看到的、可以去寄托自己的哀思的地方。
山本惠：那还用问吗？墓地。
托马斯：不错。不过，你知道中国古代皇帝死后呆的地方叫什么吗？
山本惠：皇帝的墓地。
托马斯：错了。叫"陵"。
玛丽亚：什么？陵？
托马斯：对。如同北京市昌平区的明十三陵，就是明代十三位皇帝的陵墓；陕西省的秦始皇陵，是秦代开国皇帝嬴政的陵墓。
山本惠：为什么皇帝的墓地和一般人的叫法不一样呢？是不是因为他们的墓特别大？
托马斯：有道理。我专门请教了老师，老师也这样说。
玛利亚：你能再解释一下吗？
托马斯：当然可以。原来，中国古代的皇帝和别的国家的皇帝一样，生前的地位在全国最高，不同的是，这些帝王一般在生前就要为自己建造陵墓。
山本惠：还活着的时候就开始修建陵墓？
托马斯：对。你想想，自己为自己修建陵墓，能不认真吗？
玛丽亚：为什么人们把埋葬皇帝的地方叫"陵"呢？
托马斯：因为"陵"有"山陵"、"大土山"等意思。
山本惠：是不是皇帝的陵墓如同山陵一样高大？
托马斯：帝王的坟墓往往修建得又高又大，我觉得名为"陵"，一点也不过分。这些帝王是想借坟墓的高大，来显示自己的威严。

玛丽亚：这么说"坟"、"墓"、"陵"其实完全是一样的意思。

托马斯：这样说不完全对，因为它们有区别。

山本惠：有什么不同呢？

托马斯：古代埋葬人的地方叫"墓"，而高起的土堆才叫"坟"。

山本惠：怪不得称为"坟墓"。

托马斯：后来，坟的高低也按照地位的不同有了变化。秦始皇曾征调民工几十万人建造自己的坟墓。汉代以后，历代皇帝的坟墓都称"陵"。不过，元代的皇帝是按照蒙古族的传统下葬的，不建坟墓。

玛丽亚：明白了。我也问你们一个问题，可以吗？

托马斯、山本惠：请吧。

玛丽亚：你知道世界第八大奇迹是什么吗？

山本惠：和"陵"有关吗？

玛丽亚：真聪明！和"陵"有关系。

山本惠：我知道，是秦始皇陵的发现。

玛丽亚：对，20世纪70年代，在古都西安的秦始皇陵出土的一大批秦始皇陪葬的兵马俑和各种兵器，立即震惊了全世界，被看做"世界第八奇迹"。

托马斯：这样说一点也不奇怪。世界上很多有名的人见到秦始皇陵的时候都很吃惊。美国的前总统尼克松曾经说过：在1972年，当他第一次登上八达岭长城的时候，认为那是一座伟大的建筑，是人类文明的奇迹。当他见到秦代兵马俑军阵（1985年9月）时，给他的感受和登长城时是一样的。

玛丽亚：对，我在报纸上也看到美国的另一位前总统里根和他的夫人及随同一起参观秦兵马俑时，禁不住对着众兵马俑开玩笑说："稍息！"

托马斯：啊，真形象！那些陶俑一定很像真的。

玛丽亚：有人说："不看金字塔不算真正到过埃及，不看秦俑不算真正到过中国。"

托马斯：好像是法国前总统希拉克在1978年9月（时任法国总理）

访问中国时说的。

玛丽亚：原来你也这么关心兵马俑的消息呀。不过我还没去过西安，你能不能多介绍一下你的感觉？

山本惠：原来你也没去过呀！你们俩在"纸上谈兵"。

托马斯：国庆节放假的时候，咱们一起去怎么样？

玛丽亚：好！说定了。

山本惠：参观秦始皇陵要等到放假，但是北京的十三陵可不太远。

托马斯：那里是有名的旅游胜地，去那儿的旅游车一定很多。这个周末去怎么样？

山本惠、玛丽亚：没问题！

词语

1. 意外　　　　yìwài　　　　　　unexpected
2. 陶俑　　　　táoyǒng　　　　　pottery figurine
3. 挖掘　　　　wājué　　　　　　dig out
4. 立刻　　　　lìkè　　　　　　　immediately
5. 轰动　　　　hōngdòng　　　　cause a stir
6. 奇迹　　　　qíjì　　　　　　　miracle; wonder; marvel
7. 坟墓　　　　fénmù　　　　　　tomb
8. 工匠　　　　gōngjiàng　　　　craftsman
9. 盗　　　　　dào　　　　　　　steal
10. 数量众多　shùliàng zhòngduō　numerous
11. 雄壮　　　xióngzhuàng　　　magnificent
12. 肃然起敬　sù rán qǐ jìng　　feeling of profound respect
13. 雕塑　　　diāosù　　　　　　sculptures
14. 埋　　　　mái　　　　　　　bury
15. 壮观　　　zhuàngguān　　　magnificent
16. 烧毁　　　shāohuǐ　　　　　burn away
17. 火把　　　huǒbǎ　　　　　　torch

18. 通道	tōngdào	passageway
19. 考察	kǎochá	investigate
20. 面貌	miànmào	features
21. 名胜古迹	míngshèng gǔjì	scenic spots and historical sites
22. 关注	guānzhù	concern
23. 兵器	bīngqì	weapon
24. 专家	zhuānjiā	expert
25. 寄托	jìtuō	place ... on
26. 哀思	āisī	mourning for the dead
27. 如同	rútóng	as if
28. 叫法	jiàofǎ	the way named
29. 请教	qǐngjiào	ask for advice
30. 地位	dìwèi	position
31. 陵墓	língmù	tomb
32. 显示	xiǎnshì	show
33. 威严	wēiyán	prestige
34. 坟	fén	grave; tomb
35. 墓	mù	grave; tomb; mausoleum
36. 区别	qūbié	difference
37. 征调	zhēngdiào	call up
38. 世纪	shìjì	century
39. 立即	lìjí	immediately
40. 震惊	zhènjīng	shock
41. 军阵	jūnzhèn	battle array
42. 感受	gǎnshòu	feel
43. 随同	suítóng	accompany
44. 稍息	shàoxī	stand at ease
45. 不算	bú suàn	not include
46. 关心	guānxīn	care
47. 俩	liǎ	two

练 习

一

(一) 在括号内填上适当的字

( )严　　( )上谈兵　　( )种( )样　　( )量( )多

意( )　　( )然起敬　　( )言( )定　　名( )古( )

(二) 解释下面词语的意思

1. 奇迹
2. 关注
3. 震动
4. 轰动
5. 盗

(三) 写出下列词语的同义词或反义词

立刻——　　　面貌——　　　关注——

仿照——　　　显示——　　　区别——

(四) 根据意思写出相应的词

1. 按照已有的方法或式样去做。(　　　　)
2. 想像不到的不平凡的事情。(　　　　)
3. 受到不幸或破坏。(　　　　)
4. 人或集团在社会关系中所处的位置。(　　　　)

二

(一) 根据课文内容判断正误

1. 秦始皇陵在山西省被发现。□
2. 秦始皇陵被视为"世界第八奇迹"。□
3. "地下长城"指的是在长城下面的那部分长城。□

4. 秦始皇陵已经全部被挖掘出来了。□
5. 秦始皇陵首先是被一考古学家发现的。□

（二）根据对话选择正确答案

1. 秦始皇陵中的陶俑都是：
   A．仿照真人的样子制作的　　　　B．是一些小小的艺术品
2. 秦始皇陵中：
   A．有大量的陶俑和陶马　　　　　B．没有弓箭
3. 秦始皇陵的发现对研究什么很有意义：
   A．秦代历史　　　　　　　　　　B．古动植物
4. 在陕西临潼县发现秦始皇陵的年代是：
   A．1984 年　　　　　　　　　　 B．1974 年
5. 秦始皇陵是经过多少年完成的？
   A．六年　　　　　　　　　　　　B．三十六年
6. 现在我们看到的秦兵马俑：
   A．是秦皇陵的全部　　　　　　　B．只是一小部分

（三）根据对话的内容回答问题

1. 中国古代的皇帝为什么在生前就修建自己的陵墓？
2. 十三陵是怎么回事？

（一）讨论

1. 你对中国的丧葬制度有哪些了解？
2. 中国有"入土为安"的传统思想，但是现代中国实行火葬，你对这两种形式怎么看？谈谈自己国家相关的制度和习俗。

（二）实践

看一部关于秦始皇陵的资料片或电影，并谈谈自己的感受。

补充阅读

中国的帝王陵寝

中国的帝王陵很多。这些陵墓一般都是帝王生前为自己建造的。因为帝王的坟墓建造得又高又大,就像山陵一样,地下部分有地宫,是帝王安息的地方,所以称为"寝"。地上地下两部分合起来称"陵寝"。

秦始皇陵是其中之一。据史书记载,秦陵的地宫建立宫殿,设有百官的位次,放满珠宝玉器,上面像日月星辰,下面灌注水银像山川大地。秦始皇下葬时,为了防止泄露机密,参加修建地宫的工匠全部被封在了墓里。

明十三陵,是明代十三个皇帝的陵墓。陵址在北京昌平区天寿山山脚下,占地四十平方公里。建筑最宏伟的是长陵和定陵。

这些流传下来的帝王的陵寝,大都已被辟为旅游景点,为现代人了解历史提供了鲜活的"教科书"。

奇特的陪葬习俗

陪葬就是陪伴死者埋葬。这是等级森严时代所特有的一种葬俗。毫无疑问,被陪葬的是在社会上或在家庭里享有某些特权的人,而为其陪葬的既有物又有人。陪葬人有妻妾、子女、侍卫和亲信、仆役、奴隶及公卿大臣等。用人陪葬有两种方法:一种是在他们活着时,或逼其自杀,或将其杀死,然后和被陪葬者同时埋葬在一起,这种叫人殉。另一种是待陪葬人死后将他们的灵柩(jiù)埋葬在被陪葬者坟墓的附近,这种墓叫陪葬墓。陪葬物是指随葬品之外的家畜、车、船等。

第十课　六朝古都北京

> 北京为什么会成为六朝古都？它有什么特别的地方？
>
> 你了解北京的城市结构吗？你听说过中轴线吗？
>
> 北京人指路为什么喜欢说东西南北？
>
> 你想知道北京的历史吗？

课文

东南西北认北京

大家都说北京人方位意识强，张嘴不分左右，全是东南西北。呵呵，那是以前吧？当北京还是老北京，北京人还是老北京人的时候，一定是这样的，起码我爷爷奶奶的确如此，可轮到我们这辈儿人就大不一样了。前些天见一外地人向一北京小姑娘问路，别的没注意，就听见小姑娘一上来先嘀咕了一句："上北下南左西右东……"

相信我的同学们也大都如此，一半不敢说，十个里面得有俩，把他往街当间儿①一放，一准儿分不清东南西北。所以约几个好友去稍微偏一点儿的地方玩儿，一定得先拉上个明白主儿②，要不然一帮"路痴"准回不了家。

我刚记事那会儿，家住在东总布胡同，在我印象里，那可是个东西南北走向笔直的地方。我们的学校东总布小学当时还都是平房，而且分成了三个院——中院、南院和北院。那恐怕是我最早接触的方向吧。老师说，去南院拿个什么什么书本，去北院领个什么什么

粉笔,我通常是站在街的小丁字口儿琢磨半天哪边是南,哪边是北,然后再蹦蹦跳跳地跑去。

好容易把这南北认清楚了,可巧儿我也搬家转了学,而且上学的路远了一些,半途还要转好几个弯儿。于是就记着奶奶说的:出了家门先朝着太阳走,那边是东,然后再左转奔北……回家也要朝着太阳走,因为傍晚的太阳是在西边的……走了几年,才算勉勉强强地认清了东南西北。再长大一点儿就开始满城里瞎跑,又懂得了天安门东边有个东单,西边有个西单什么的。总之不至于找不着北③。还是奶奶的方法好——看太阳嘛!

相比之下,现在的生活可就无聊多了。每天上学就是出门奔东狂骑车,放学向西。此外就是坐在教室里一天都不带动的,偶尔去操场,一圈儿二百米的跑道绝不至于转向。况且东楼西楼南楼北楼的都挂着大牌子写着呢,怎么说也晕不了。

奇怪的是,为什么几代人保留下来的方位感到我们这里所剩无几了呢?有人说是因为城里变了样,城墙没了,护城河也干了,该拆的都拆了,取而代之的是林立高耸的大建筑。这样一来,什么什么都没了,大家的方位感自然也就差了。也有人说,这是历史的原因。

我们父母那一代本身方位感就没那么强,就算有的人强,在该教我们认方向的时候也都忙着赚钱、上学去了。

(根据网络文章改写)

金元智　孙静怡

金元智:年纪大一些的北京人在指路时的确喜欢用东南西北来表明方向,让我们外国人常常摸不着头脑④。

孙静怡:我一开始也是这样。我是南方人,在北京问路,如果对方用东南西北来回答我,我还真得抬头看看太阳。

金元智:那要是赶上阴天下雨不就糟了吗?

孙静怡:可不是嘛!不过现在我再也不用担心了。

金元智:为什么?你有什么诀窍吗?不许保密,快告诉我!

孙静怡:谈不上有什么诀窍,你只要了解北京城的基本结构就没问题了。北京的城市结构有一个特别明显的特征,那就是正南正北,对称均匀。来,咱们一起看看北京市地图就清楚

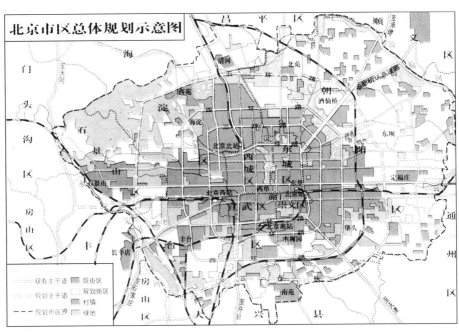

了。你看，北京城基本上是方方正正的，中间有一条中轴线，自北向南贯穿全城。在这条中轴线上，紫禁城屹立在正中央，从皇城正门天安门，到紫禁城正门午门，再到城内外朝三大殿⑤，内廷三大宫⑥，自南而北都建在中轴线上，真可以说是笔直醒目，像坐标一样。

金元智：这个紫禁城不就是平时咱们说的故宫博物院吗？

孙静怡：对呀。明清时代的中轴线北至钟鼓楼，南至永定门，在总体布局上把全城分成了互相对称的东西两部分。新中国成立以后，又重点扩建了天安门前东起建国门，西至复兴门，横贯东西的长安街，以它为中心线，又把全城清楚地分成了南北两部分。

金元智：从地图上看，南北中轴线和东西中心线一直在不断地延伸。

孙静怡：近年来北京城的面貌日新月异，以后一定还会继续向外扩展。但不管怎么变化，北京这个城市还会保持它自己所特有的对称均匀、布局明朗的特点。

金元智：听你这么一说，我对北京的道路和方向还真有了一个大致的概念，希望我也能尽快养成北京人所特有的方向感，以后上街就不愁了。哎，我又发现北京城的另一个特点。你看，中轴线上分布着许多在古代非常重要的建筑物或景点，像有名的钟鼓楼、景山公园、故宫、前门什么的，它们全部都是背靠北，面朝南，这里面有什么讲究吗？

孙静怡：这种建筑物坐北朝南的现象，体现了古人"南面而王"的传统思想。

金元智：这怎么讲呢？

孙静怡：从考古发现来看，中国中原地区自古以来的宫殿建筑就是面向正南方的，这显然跟黄河地区的地理环境和阳光照射的方向有密切的关系。后来就一直把这种习惯延续下去了，所以在人们的心目中就树立起了"南面而王"的思想，成了一个传统。

金元智：你刚才还提到了明清时代的北京,是不是说北京这个城市是明清时候建立起来的？

孙静怡：说起北京的历史,那可就长了,可以一直追溯到周代的初年,那时候这个地方被封为"燕"、"蓟",现在北京的很多地名还和这两个字有关系呢。从那时候至今,也已经有三千多年的历史了。

金元智：怪不得大家都把北京叫做历史文化名城呢。

孙静怡：是啊。北京是中国著名的七大古都⑦之首嘛。公元前221年,秦始皇统一中国之后,蓟城一直是北方的贸易中心,也是军事重镇。到了唐代,这里改名为幽州,已经发展成为具有一定规模的城市了。

金元智：那个时候北京还没有成为都城吧？

孙静怡：是的。最早在北京建都,是辽、金时代的事情。到了元代,又在金代中都城的东北郊外,另建了新城,称为大都。元大都的建设规模很大,而且经过了精心的设计,还有不少外国人参加呢。现在西四附近的白塔寺,就是按照尼泊尔人的设计建造的。

金元智：我想起来了。我看过意大利人马可·波罗的游记,他就是在元代初年来到大都的,他在书中盛赞了这个东方大都市的繁华。

孙静怡：这本书我早就知道,听你这么一说,我更感兴趣了,有空一定要找来看看。

金元智：从你刚才讲的情况来看,一直到元代还没有"北京"这个名字呢。

孙静怡：是这样的。明代开始把首都设在南京,紧接着又向北进攻,攻克了元大都,改名叫北平。公元1421年,又把首都迁到了这里,这才改名叫北京。

金元智：哎呀,终于听到这个亲切的名字了。清朝也是以北京为首都的吧？

孙静怡：当然。明清两代,北京作为全国的政治和文化中心,长达五百年之久。1949年新中国建立,把北京定为首都,进行了大规模的建设,北京的发展速度非常快。至于改革开放以后北京的变化,用"天翻地覆"来形容是一点儿也不过分的。

金元智:到2008年,我一定要再来北京参加奥运盛会。

孙静怡:那太欢迎了。到时候你一定要跟我联系。

金元智:那没得说,咱们不见不散!

词 语

1.	方位	fāngwèi	position
2.	意识	yìshi	consciousness
3.	起码	qǐmǎ	at least
4.	轮到	lúndào	be one's turn
5.	辈儿	bèir	generation
6.	嘀咕	dígu	murmur
7.	一准儿	yìzhǔnr	sure; surely
8.	分清	fēn qīng	distinguish
9.	偏	piān	secluded; remote
10.	要不然	yàoburán	otherwise; if not
11.	笔直	bǐzhí	perfectly straight
12.	丁字口	dīngzìkǒu	T-cross
13.	琢磨	zuómo	ponder; think over
14.	蹦蹦跳跳	bèngbèng tiàotiào	capering; bouncing and vivacious
15.	可巧	kěqiǎo	happen to
16.	转学	zhuǎn xué	transfer to another school
17.	半途	bàntú	halfway
18.	转弯	zhuǎn wān	turn
19.	瞎(跑)	xiā(pǎo)	aimlessly
20.	不至于	búzhìyú	not to such an extent as to

21. 总之	zǒngzhī	in general
22. 相比之下	xiāng bǐ zhī xià	in comparison
23. 无聊	wúliáo	boring
24. 狂(骑车)	kuáng (qí chē)	crazy (riding a bicycle)
25. 偶尔	ǒu'ěr	occasionally
26. 转向	zhuàn xiàng	lose one's way
27. 况且	kuàngqiě	moreover; besides
28. 晕	yūn	dizzy; giddy
29. 所剩无几	suǒ shèng wú jǐ	few left
30. 取而代之	qǔ ér dài zhī	take the place of
31. 林立	línlì	a forest of
32. 高耸	gāosǒng	rise high and erect
33. 赚钱	zhuàn qián	earn money
34. 糟	zāo	bad; in a mess
35. 诀窍	juéqiào	a secret of success
36. 保密	bǎo mì	keep secret
37. 对称	duìchèn	symmetry
38. 均匀	jūnyún	regular
39. 贯穿	guànchuān	penetrate; connect
40. 中轴线	zhōngzhóuxiàn	the axis of a city
41. 醒目	xǐngmù	eye-catching
42. 坐标	zuòbiāo	coordinate
43. 布局	bùjú	layout
44. 延伸	yánshēn	extend
45. 日新月异	rì xīn yuè yì	change with each passing day
46. 扩展	kuòzhǎn	expand; develop
47. 明朗	mínglǎng	clear
48. 尽快	jǐnkuài	as soon as possible
49. 养成	yǎngchéng	cultivate
50. 照射	zhàoshè	irradiate; shine
51. 延续	yánxù	continue; last

52. 追溯	zhuīsù	trace back to
53. 重镇	zhòngzhèn	place of strategic importance
54. 精心	jīngxīn	meticulously
55. 繁华	fánhuá	thriving
56. 天翻地覆	tiān fān dì fù	overturning heaven and earth shaking changes
57. 不见不散	bú jiàn bú sàn	to not leave without seeing each other

专有名词

1. 东总布胡同	Dōng-zǒngbù Hútong	the Alley Dong-zongbu
2. 护城河	hùchénghé	the Moat
3. 紫禁城	Zǐjìnchéng	the Forbidden City
4. 钟鼓楼	Zhōnggǔlóu	the Bell and Drum Towers
5. 永定门	Yǒngdìngmén	Yongdingmen
6. 景山公园	Jǐngshān Gōngyuán	Jingshan Park
7. 前门	Qiánmén	Qianmen
8. 大都	Dàdū	Dadu
9. 马可·波罗	Mǎkě Bōluó	Marco Polo
10. 尼泊尔	Níbó'ěr	Nepal

注 释

1. 当间儿（dāngjiànr, middle）：北方方言，中间。
2. 主儿（zhǔr, some person）：北方方言，指某个人，所指，随语境而定。
3. 找不着北（zhǎo bù zháo běi, confused）：形容糊涂、不清楚。
4. 摸不着头脑（mō bù zháo tóunǎo, can't understand）：比喻不明白或弄不清情况、原因等。
5. 外朝三大殿（wài cháo sān dà diàn, the three outer palace）：外朝是皇帝

举行大典、召见群臣的地方。三大殿指的是太和殿、中和殿、保和殿。

6. 内廷三大宫（nèi tíng sān dà gōng, the three inner palace）：内廷是皇帝居住并处理日常政务以及后妃皇子们居住游玩的地方。三大宫指的是乾清宫、交泰殿、坤宁宫。

7. 七大古都（qī dà gǔdū, seven ancient capitals）：是指现在的北京、江苏南京、陕西西安、河南洛阳、河南开封、河南安阳和浙江杭州。

 练　习

（一）解释下列词语
　　1．所剩无几
　　2．取而代之
　　3．日新月异
　　4．天翻地覆
　　5．不见不散

（二）把左右两列有关联的词语连接起来

培养　　　无聊
贯穿　　　林立
城市　　　诀窍
道路　　　对称
掌握　　　繁华
生活　　　感情
高楼　　　全市
结构　　　延伸
精心　　　设计

(三) 写出同义词或反义词

1. 写出同义词

起码——　　　　琢磨——　　　　况且——

诀窍——　　　　布局——　　　　均匀——

2. 写出反义词

无聊——　　　　　扩展——　　　　繁华——

(一) 根据课文内容回答问题

1. 为什么说北京人的方位意识强？
2. 说明一下"我"最早接触方向时的情况。
3. 为什么"我"觉得现在的生活"无聊多了"？
4. 作者觉得"奇怪"的是什么？他是怎么分析其中的原因的？

(二) 根据对话中的知识，选择合适的词语填在括号内

1. 北京城基本上是方方正正的，中间有一条(　　)，自北向南贯穿全城。

A.长安街　　　　　B.三环路　　　　　C.中轴线

2. 明清时代的中轴线北至(　　)，南至(　　)。

A.钟鼓楼　永定门　B.前门　天安门　C.西直门　东直门

3. 中轴线上的古代建筑有一个明显的特点，就是(　　)。

A.背靠南，面朝北　B.背靠北，面朝南　C.背靠西，面朝东

4. 关于北京的历史，一直可以追溯到(　　)初年。

A.周代　　　　　　B.唐代　　　　　　C.明代

5. 现在的(　　)、(　　)是中国著名的七大古都中的两个。

A.上海　北京　　　B.天津　北京　　　C.杭州　北京

6. 最早在北京建立都城，是(　　)时代的事情。

A.唐宋　　　　　　B.辽金　　　　　　C.明清

7. 现在西四附近的白塔寺，是按照(　　)人的设计建造的。

A.巴基斯坦　　　　B.印度　　　　　　C.尼泊尔

名胜古迹

（三）根据对话内容判断正误

1. 北京的城市结构有一个明显的特征，就是正南正北，对称均匀。☐
2. 在中轴线上，钟鼓楼正处在最中央的位置。☐
3. 北京还有一条横贯东西的中心线，就是著名的长安街。☐
4. 北京这个城市是明清时代建立起来的。☐
5. 周代的时候，北京这个地方叫做"燕"、"蓟"。☐
6. 到了唐代，已经有了北京这个名字，并形成了大规模的城市。☐
7. 元代在北京建的都城叫元大都，当时有不少外国人参加了设计。☐
8. 明代的时候，才开始有了北京这个名称。☐

三

（一）讨论

1. 说说你眼中的或你所了解的北京。
2. 介绍一下你们国家首都的特色。
3. 你怎么看待这些年来北京的城市建设？你认为北京该如何解决保持传统和发展现代化的矛盾？你们国家是如何处理这些问题的？

（二）实践

分组查阅北京市地图，每组了解北京市一个区县的基本情况（地理位置、主要道路、大型购物娱乐场所、著名风景游览地等），然后向全班同学介绍。

补充阅读

北京概况

面积：16808 平方千米。

位置：东经 115°20′—117°32′，北纬 39°23′—41°05′，与意大利的罗马、西班牙的马德里、美国的华盛顿位于同一纬度上。

四邻：北京被河北省环绕，东面与海港城市天津接壤。

气候：属温带大陆性季风气候，冬天和夏天比较长，春季较短而且干燥。年平均温度为 11.8°，最冷的是 1 月份，最热的是 7 月份。

行政区划：有 15 个区，3 个县。

人口：1080 万，近 800 万人居住在城区，300 多万人居住在各县。

地位：中华人民共和国首都，中央直辖市。

语言：以普通话为主，但许多北京人讲北京话，北京话和全国通用的普通话很接近。

市花：月季和菊花。

市树：国槐。

民族：以汉族为主，回族次之，满族人的主要聚居地，中国各民族均有人口在北京居住。

生活节奏：过去以缓慢著称。京城人自有皇家气派，不急不缓。现在北京人生活节奏加快。

北京人的性格：热情好客，开朗幽默，有闲情逸致，讲究礼节，喜欢聊天，关心国家大事。

地理环境：北京位于华北平原的北部。西部、北部和东北部由群山环抱。西部和西北部的山为西山；北部的山为军都山。松山、灵山等海拔 2000 米以上。山地占 62%，平原占 38%。主要河流属海河水系，永定河斜贯北京西南部，西部有拒马河，东部有潮白河、北运河。密云水库是全市的主要饮水来源。北京西北部的温泉和小汤山，是两个久负盛名的温泉。

（摘自北京文化网——北京生活）

第十一课 剪纸·风筝·中国结

> 你知道中国有哪些工艺品?
> 你最感兴趣的工艺品是什么?

课文

情人节流行中国结 "洋"节有了民族味

在情人节到来之时,除了传统的巧克力、玫瑰花外,情侣们的手中多了件东西——中国结。

垂着长长的红穗子的中国结非常受欢迎。这些中国结有的是红双喜,有的是一个"福"字,有的是菠萝状,有的是莲花状,有的是鱼状,形状各异,惹人喜爱,其中带有红双喜图案的中国结成为情人节送礼的佳品。有位店主张先生说,他的中国结不下一百种,从元旦到春节已经卖了数千件。中国结有吉祥、平安、健康等意义,自古以来就是中国人传统的吉庆饰物,最近两年卖得特别火,特别是这两天,很多年轻人都选择中国结作为情人节礼物。

在公司上班的白领王先生,平常工作很忙,花在谈情说爱上的时间很少。情人节到了,他特意买了好多中国结送给女友:"出入平安"结,希望女友出入平安;"永结同心"结,表示爱情天长地久;"福"字结表示吉祥如意。

深圳大学张教授认为:现在的年轻人不再满足于送吃的、送穿的、送玫瑰等旧形式,送健康、送美丽、送快乐已经成为一种时尚。情人节虽然不是中国的民族节日,但由于它的浪漫意义,已经为广大年轻人所接受。不过,除了西方的习俗之外,情人节包含的民族化的东西也越来越多,红红的中国结就为它平添了几分浪漫。

(根据南方网《南方都市报》2002年2月14日吴晨文章改写)

  玛丽亚 孙静怡 山本惠

玛丽亚:我坐出租车的时候,发现很多司机在车窗前都挂着一个红色的装饰品,原来叫中国结啊。

孙静怡:中国结是最近几年流行起来的,它本来是中国传统的编织工艺,在唐、宋、明、清十分盛行。每一个中国结从头到尾都用一根丝线编结而成,把不同的结互相结合在一起,或者跟其他具有吉祥图案的玉石或铜制工艺品相配,下端垂着长长的穗子,就成了意义丰富的吉祥装饰物,比如"福寿双全"、"双喜临门"、"心心相印"等。

山本惠:我也很喜欢那火红的色彩和精美的图案。

孙静怡:是啊,要不它怎么能成为节日里人们喜爱的饰物呢?中国结代表的是一种浓浓的情意和美好的祝福。

玛丽亚:除了中国结以外,中国的工艺品还有很多吧?

孙静怡:中国的工艺美术被称为"东方的珍宝",主要有雕塑工艺、

金属工艺(包括景泰蓝①、铁画等)、漆器、编织工艺,还有陶瓷、刺绣等等。

山本惠:说到刺绣,我想起来,有一次在商店里看到一种特别神奇的刺绣工艺品,有正反两面。正面是一只猫,毛密密的,眼睛亮亮的,好像活的一样。从反面看却是另外一种神态,也像真的一样,而且它们是绣在同一张半透明的纱上,不知道是怎么绣上去的。

孙静怡:我想你说的一定是"双面绣",那可是难得的精品。刺绣是中国具有悠久历史的一种工艺美术。中国有"四大名绣",指的是苏(苏州)绣、湘(湖南)绣、粤(广东)绣和蜀(四川)绣。双面绣就是苏绣的一种。

玛丽亚:我发现刺绣在传统服装或者饰物上到处可见,特别漂亮。除了刺绣以外,你最喜欢的工艺品有哪些呢?

孙静怡:泥人、剪纸、蜡染、风筝、艺术扇等等,多啦。

山本惠:我听一首民歌唱道:"又是一年三月三,风筝飞满天……"

孙静怡:歌里唱的是农历三月人们出外放风筝的事。那时正是春天,天气晴好,人们的心情也很好,他们放飞各种各样的风筝,有鱼、燕子、蝴蝶、蜈蚣等各种形状,美极了。放风筝是人们喜爱的一项娱乐活动,有些地方的人们认为,放风筝可以让晦气随风飞走。

玛丽亚:看着自己亲手放飞的风筝在天上飘起来,至少烦恼会随风飞走。你刚才还说到剪纸?在电影里我看见过在窗户上贴的红色的图案,那就叫剪纸吧?

孙静怡:对,那叫窗花,也是剪纸的一种。剪纸也是中国的一种民间艺术,可以用剪刀剪出花、鸟、鱼、动物、人物什么的。你们见过中国人结婚时的红双喜字吧?

山本惠:见过,用剪刀剪出那么漂亮的字和图案,手得多巧啊!

孙静怡:你们想不想现在也试试剪个双喜字出来?

玛丽亚:真的?你会吗?

孙静怡:拿剪刀和纸来,我教你。

词 语

1.	结	jié	knot
2.	玫瑰	méiguī	rose
3.	情侣	qínglǚ	lover
4.	垂	chuí	hang
5.	穗子	suìzi	tassel
6.	菠萝	bōluó	pineapple
7.	莲花	liánhuā	lotus
8.	惹人喜爱	rě rén xǐ ài	to make others love
9.	佳品	jiāpǐn	an excellent work
10.	饰物	shìwù	decoration
11.	白领	báilǐng	white collar
12.	永结同心	yǒng jié tóng xīn	with one heart for ever
13.	天长地久	tiān cháng dì jiǔ	everlasting
14.	包含	bāohán	include
15.	平添	píngtiān	add
16.	编织	biānzhī	knit
17.	编结	biānjié	knit
18.	铜	tóng	copper
19.	(下)端	(xià)duān	end
20.	心心相印	xīn xīn xiāng yìn	be closely attached to each other
21.	色彩	sècǎi	color
22.	浓	nóng	strong
23.	珍宝	zhēnbǎo	treasure
24.	金属	jīnshǔ	metal
25.	漆器	qīqì	lacquerware
26.	陶瓷	táocí	ceramics
27.	刺绣	cìxiù	embroidery
28.	神奇	shénqí	magical
29.	密	mì	thicker

30. 神态	shéntài	expression
31. 精品	jīngpǐn	finely made article
32. 具有	jùyǒu	have
33. 泥人	nírén	clay figure
34. 剪纸	jiǎnzhǐ	paper-cut
35. 蜡染	làrǎn	wax printing
36. 风筝	fēngzheng	kite
37. 扇	shàn	fan
38. 燕子	yànzi	swallow
39. 蝴蝶	húdié	butterfly
40. 蜈蚣	wúgōng	centipede
41. 飘	piāo	fly
42. 晦气	huìqì	bad luck
43. 烦恼	fánnǎo	trouble
44. 窗花	chuānghuā	paper-cut for window ornament
45. 巧	qiǎo	clever

 注 释

1. 景泰蓝（jǐngtàilán, cloisonné enamel）：北京著名的特种工艺之一，明朝景泰年间（1450—1457）盛行。用铜胎制成，当时以蓝釉最为出色，所以被称为"景泰蓝"。品种有瓶、碗、盘、烟具、台灯等。

 练 习

（一）解释下边画线词语的意思并用它们造句

1. 店主张先生说，他的中国结<u>不下</u>一百种，从元旦到春节已经卖了<u>数千</u>

件。

2. 中国结有吉祥、平安、健康等意义，<u>自古以来</u>就是中国人传统的吉庆饰物。

3. 最近两年，中国结卖得特别<u>火</u>。

4. "双面绣"是<u>难得</u>的精品。

5. 看着自己亲手放飞的风筝在天上飘起来，<u>至少</u>烦恼会随风飞走。

（二）**成语填空**

（　）情说爱　　永（　）同心　　出（　）平安　　天（　）地（　）

吉（　）如意　　心心相（　）　　（　）人喜爱　　双喜（　）门

历史（　）久　　从头到（　）　　各种各（　）

（三）**填上合适的形容词**

毛（　）的　　　　眼睛（　）的　　　　（　）的穗子

（　）的情意　　　（　）的祝福

（四）**区别词义**

流行——盛行　　色彩——彩色　　特意——特别　　飘——飞

（五）**用下边的词语造句**

1. 特意
2. 包含
3. 具有
4. 烦恼
5. 神奇

（一）**根据课文内容填空**

1. 中国结有吉祥、平安、健康等（　　　），自古以来就是中国人传统的吉庆饰物。

2. 现在的年轻人不再满足于送吃的、送（　　）的、送（　　）等旧形式，送（　　）、送（　　）、送（　　）已经成为一种时尚。

3. 情人节虽然不是中国的民族节日,但由于它的(　　)意义,已经为广大年轻人所(　　)。
4. 除了西方的习俗之外,情人节包含的(　　)的东西也越来越多,红红的中国结就为它平添了几分(　　)。

(二) 根据对话内容判断正误

1. 中国结是最近流行起来的新工艺品。□
2. 每个中国结要用很多根丝线编结而成。□
3. 中国结代表的是一种浓浓的情意和美好的祝福。□
4. 中国结是中国人结婚时用的工艺品。□
5. 中国的工艺美术被称为"东方的明珠"。□
6. 刺绣在传统服装或者饰物上到处可见。□
7. 苏绣是双面绣的一种。□
8. 窗花就是人们在窗前摆放的花。□

(三) 简单介绍下面几种工艺品

1. 中国结
2. 风筝
3. 剪纸
4. 双面绣

(一) 讨论

1. 在你的印象中,中国的哪种工艺品对你最有吸引力?
2. 如果你要买小工艺品作为给朋友的礼物,你打算买什么?为什么?
3. 请给大家介绍你们国家具有代表性的工艺品。

(二) 实践

学剪双喜字。

补充阅读

剪　　纸

剪纸是中国最为流行的民间艺术之一。在过去,人们经常用纸做成形态各异的物像和人像,把它与死者一起下葬或在葬礼上燃烧,有时,也用做祭祀祖先和供奉神仙的装饰物。

现在,剪纸更多的是用于装饰。比如点缀墙壁、门窗、房柱、镜子、灯和灯笼等,甚至也作为礼物赠送他人。

剪纸完全是由手工做成的,常用的方法有两种:用剪刀剪和用刀刻。前一种是把一张纸折几折或者几张纸叠在一起,用锋利的剪刀剪出图案。后一种则是先把纸张折成数叠,下边垫上东西,然后用小刀慢慢刻划(huá)。

在农村,剪纸通常是由妇女、姑娘们来做。在过去,这是每个女孩所必须掌握的手艺,甚至还被人们用来作为品评新娘的一个标准。

（根据 2002 年中国指南网内容改写）

第十二课　文房四宝

> 文房四宝指的是什么？
>
> 为什么说中国文化的发展离不开文房四宝？
>
> 怎么样选购文房四宝？

课　文

文房四宝与中华文明

笔、墨、纸、砚这四种文具，被人们称为"文房四宝"。

之所以称它们为"宝"，倒不是因为它们很稀有或价格昂贵，而是因为它们对于中国的传统文化来说，实在是太重要了。无论是著书立说、文学创作，还是书法绘画，都少不了它们。可以这样说，正是因为有了它们，几千年的中华文明才能够传承到今天。

文房四宝除了作为书写的工具之外，还是绘画的工具。正是由于它们的使用，艺术家们才创作出了中华民族特有的书法和国画艺术。用毛笔写出来的线条，可柔可刚，可粗可细，可润可枯，变化非常丰富，是任何硬笔比不了的。墨也是祖先的一大创造。战国和秦汉时期的竹木简，都是用墨写成的，它们虽然经历了两千年的岁月，但仍然字迹清晰，显示出永不变色的功效。而纸张对文明的发展和进步所起的作用更是不可估量。著名的宣纸洁白细润，有极强的吸水性，用它作画能产生独特的艺术效果，而且还能长期保存，有"纸寿千年"的美誉。砚是和墨配套使用的文具，它选料讲究，发

墨如油,细腻温润,特别是其中的一些雕砚,经过文人或工匠的精心设计和加工,造型古雅,图案精巧,本身就是一件令人爱不释手的艺术品。

在长期的发展过程中,文房四宝的实用性和艺术性逐步地结合起来,成了既有文具功能,又有欣赏价值的工艺品,所以人们就常常把它们作为工艺美术品收集和珍藏起来。

随着现代书写工具的不断进步,传统的文房四宝已经逐渐从文化用品的历史舞台上退下来了。但是书法和国画的创作却仍然不能离开它们,因为只有它们才能把中国优秀传统艺术的独特风格充分地表现出来,这是其他工具和材料所不能代替的。所以,文房四宝也还有着很强的生命力。

(根据齐傲《中国的文房四宝》和潘德熙《中国书具文化:文房四宝》改写)

  托马斯 孙静怡 金元智

托马斯:我最近想去琉璃厂买点儿东西,你们谁愿意跟我一起做

伴去呀？

孙静怡：你想去琉璃厂买什么？

托马斯：我打算去买一些书法国画和传统工艺品，回国的时候作为礼物送给亲戚朋友。

金元智：这真是个好主意。我也正在考虑回国时送家人朋友什么礼物呢，这下有着落了。还有啊，我最近开始练习书法了，想买一些书法用具，不知道琉璃厂有没有这类东西？

孙静怡：当然有了。文房四宝是琉璃厂经营的主要项目，那里的品种特别丰富，你可以挑个够。

金元智：我现在练习书法，常常跟笔墨纸砚这四样东西打交道，才知道这里面的讲究可多了。先说毛笔吧，这在世界上是独一无二的东西，听说是秦代一个叫蒙恬的人发明的。

孙静怡：是有这样的传说。不过从现有的考古发现来看，这种说法不够确切。至少在战国时期，就已经有了毛笔，比蒙恬所在的秦代还要早好多呢。

金元智：我买的毛笔上面都写着"狼毫"、"羊毫"这样的字眼，是不是毛笔都是用动物的毛做成的？

孙静怡：是这样。狼毫是用黄鼠狼的毛做的，比较坚硬，弹性强；羊毫是用山羊毛做的，比较柔软；还有一种叫兼毫，就是用羊毫和兔毫或狼毫配在一起做成的。这三种笔既可以写书法，也可以画国画，是比较常用的。

托马斯：哪个地方出产的毛笔最有名呢？

孙静怡：浙江湖州出产的毛笔被称为"湖笔"，从南宋就开始兴起，一直流传到现在，质量非常好。听说生产一支湖笔要经过大小一百多道工序呢。

金元智：好家伙，真厉害！说完笔，咱们再说说墨吧。我听老师常用"墨宝"这个词，是不是说墨是一个宝贝呀？

孙静怡："墨宝"指的是艺术价值和收藏价值比较高的书法或国画作品。当然，这两者都跟墨有关系，都是用墨来创作的，所以就叫墨宝了。

托马斯：暑假我去安徽黄山旅游，发现那里卖墨的商店特别多，当地人给我们介绍说，墨是那里的特产，我还买了一些带回来呢。

孙静怡：黄山那一带历史上叫做徽州，从宋代开始就成了制墨的中心，那里生产的墨叫做"徽墨"，一直到现在都非常有名。

金元智：写书法用的宣纸也是安徽出产的吧？

孙静怡：对了。之所以叫宣纸，就是因为它主要产于古代的宣州地区，差不多相当于现在的安徽宣城。

托马斯：宣纸为什么这样有名呢？它跟一般的纸比有什么优点？

孙静怡：宣纸的优点可多了。首先是它非常洁白，而且这种白色又很稳定，能保持长时间不变；其次是它的柔韧性很强，虽然手感柔软，但经得起折叠，不容易断裂；再次就是它具有独特的吸水性能，能使墨色产生浓淡变化，并进而形成层次丰富的艺术效果。在古代，宣纸的生产工序有上百道之多，做成成品往往需要一到两年的时间呢。

托马斯：我逛琉璃厂的时候特别爱看那些国画作品，尤其是写意的山水画，那真是出神入化，能让人深深地陶醉其中。如果没有宣纸的话，恐怕就很难达到这样的境界。

孙静怡：应该说这是文房四宝共同努力的结果。

金元智：对于第四宝——砚，你们都知道些什么？

孙静怡：砚虽然排在文房四宝的最后，可它被喜爱的范围最广泛。它是研墨和调色的工具，早在殷商时代就有了。后来，材料越来越讲究，做工越来越精细，有的成了人们收藏的艺术品。

托马斯：把一块石头做成各种各样的造型，还在上面雕刻出古朴精细的花纹，真让人爱不释手。我虽然不学书法，但非常喜欢观赏砚台。有好几次都想买回家，但因为对它不太了解，所以只好放弃了。

金元智：砚也有很多品种，其中最有名的就要数端砚了。我记得它是广东那边出产的。

孙静怡：没错儿。广东肇庆市附近有一座斧柯山，那里有许多岩洞，里面的岩石已经有六亿多年的历史了，颜色和花纹丰富多彩，质地细腻，做出来的砚台绝对是上品。

托马斯：太好了，那我就买端砚吧。

金元智：我已经等不及了，真想马上去琉璃厂看看。咱们明天就去吧！

词 语

1.	稀有	xīyǒu	rare
2.	昂贵	áng guì	expensive
3.	著书立说	zhù shū lì shuō	write books to expound a doctrine
4.	书法	shūfǎ	handwriting
5.	绘画	huìhuà	paiting
6.	传承	chuánchéng	pass and inherit
7.	柔	róu	soft
8.	润	rùn	moist
9.	枯	kū	dry
10.	祖先	zǔxiān	ancestor
11.	岁月	suìyuè	time
12.	字迹	zìjì	handwriting
13.	清晰	qīngxī	clear
14.	功效	gōngxiào	effect
15.	估量	gūliàng	estimate
16.	吸水性	xīshuǐxìng	absorbancy
17.	美誉	měiyù	good reputation
18.	配套	pèitào	form a complete set; match
19.	细腻	xìnì	delicate
20.	造型	zàoxíng	moulding
21.	古雅	gǔyǎ	of classical elegance

22.	精巧	jīngqiǎo	exquisite
23.	爱不释手	ài bú shì shǒu	love sth. so much that one can't bear to part with it
24.	珍藏	zhēncáng	keep in one's collection
25.	随着	suízhe	along with
26.	舞台	wǔtái	stage
27.	生命力	shēngmìnglì	life；vitality
28.	做伴	zuò bàn	keep company
29.	着落	zhuóluò	assured source
30.	经营	jīngyíng	manage；run
31.	打交道	dǎ jiāodào	deal with；treat with
32.	独一无二	dú yī wú èr	unique
33.	确切	quèqiè	exact
34.	坚硬	jiānyìng	hard
35.	弹性	tánxìng	elasticity；resilience；spring
36.	工序	gōngxù	process
37.	收藏	shōucáng	collect
38.	柔韧性	róurènxìng	flexibility
39.	经得起	jīngdeqǐ	be able to stand；endurable
40.	折叠	zhédié	fold
41.	断裂	duànliè	fracture；rupture
42.	层次	céngcì	gradation
43.	出神入化	chū shén rù huà	of highest perfection；superb
44.	陶醉	táozuì	be intoxicated with
45.	境界	jìngjiè	state
46.	雕刻	diāokè	carve
47.	古朴	gǔpǔ	classical and simple
48.	花纹	huāwén	pattern
49.	岩洞	yándòng	cave
50.	岩石	yánshí	rock
51.	上品	shàngpǐn	first-class

专有名词

1. 竹木简　　zhúmùjiǎn　　　　bamboo and wood slip
2. 琉璃厂　　Liúlichǎng　　　　Liulichang
3. 黄鼠狼　　huángshǔláng　　yellow weasel
4. 山羊　　　shānyáng　　　　goat

 练　习

一

（一）解释下列词语

1. 著书立说
2. 爱不释手
3. 独一无二
4. 出神入化
5. 祖先
6. 美誉
7. 舞台
8. 着落
9. 上品

（二）选择适当词语填空

稀有　昂贵　估量　精巧　叠　清晰　坚硬　明确　柔韧性

1. 这位体操运动员身体的（　　　）非常好，能够做出高难度的动作来。
2. 这种石头的质地非常（　　　），适合做建筑材料。
3. 这家商店里面的东西都非常（　　　），一般人买不起。
4. 照目前的情况来看，中国经济发展的前途不可（　　　）。
5. 他把衣服（　　　）起来，放进了旅行箱。
6. 大熊猫的数量很少，是（　　　）的动物，我们要好好保护。
7. 这个花瓶做得那么（　　　），真让人爱不释手。
8. 今天天气晴朗，远处的群山（　　　）可见。

9. 她（　　）地告诉我,明天公司要开会。

显示　讲究　配套　珍藏　做伴　打交道　细腻　断裂　雕刻
10. 他在动物园工作,每天都要和动物（　　　）。
11. 这首诗所表达的感情非常（　　）,你得好好体会。
12. 这是我十岁时妈妈送给我的生日礼物,我一直（　　）着。
13. 小文和小美是邻居,她们每天都一起（　　）上学。
14. 这种杯子和盘子是（　　）的,你要买的话最好一起买。
15. 这台电脑的（　　）器是17英寸的,看起来很清楚。
16. 这位艺术家能在木头上（　　）出非常精美的花纹。
17. 购买文房四宝很有（　　）,你得具有这方面的知识才行。
18. 大地震发生以后,这座桥梁就（　　）了。

(三) 写出下列词语的同义词或反义词
1. 写出同义词
   稀有——　　　清晰——　　　美誉——　　　细腻——
2. 写出反义词
   昂贵——　　　清晰——　　　坚硬——　　　细腻——
   稀有——　　　精巧——

二

(一) 根据课文内容回答问题
1. 文房四宝是指哪四样东西?
2. 文房四宝各有什么价值?它们在中国文化发展史上的意义和作用是什么?
3. 在现代化的社会中,文房四宝的价值体现在什么地方?

(二) 根据对话内容填空
1. 传说毛笔是（　　）代一个叫（　　　）的人发明的,但这种说法不确切,至少在（　　　）时期就已经有毛笔了。
2. 根据做毛笔时使用的材料的不同,毛笔分为（　　　）、（　　　）和（　　　）这三种。这三种笔既可以（　　　）,也可以（　　　）。

3. 最有名的毛笔是（　　　）出产的,被称为（　　　）,从（　　　）就开始兴起,一直流传到现在。
4. "墨宝"指的是（　　　）价值和（　　　）价值都比较高的（　　　）或（　　　）作品。
5. 最有名的墨是（　　　）那一带出产的,叫做（　　　）。
6. 最有名的纸叫（　　　）,因为它产于古代的（　　　）地区,相当于现在的（　　　）。
7. 文房四宝的最后一宝是（　　　）,它是（　　　）和（　　　）的工具,它的主要材料是（　　　）。
8. 最有名的砚叫（　　　）,它产于广东肇庆市附近的（　　　）山,那里的岩石已经有（　　　）多年的历史了,质地非常好。

(三) 根据对话判断正误

1. 毛笔是秦代一个叫蒙恬的人发明的。□
2. 毛笔上的毛主要用的是黄鼠狼、山羊和兔子的毛。□
3. 毛笔只能用来写书法,不能用来画画。□
4. 毛笔中,以浙江湖州出产的湖笔最为有名。□
5. 最好的墨是安徽黄山那里出产的,叫墨宝。□
6. 宣纸这个名称主要来自于它的出产地。□
7. 宣纸的颜色是洁白的,但过不了多久就会发黄。□
8. 即使折叠起来,宣纸也不太容易断裂。□
9. 宣纸跟一般的纸相比的最大特点就是它的吸水性比较强。□
10. 砚只是一种练习书法、国画时研墨和调色的工具。□
11. 砚一般是用石头做成的。□
12. 最有名的砚叫端砚,它出产于安徽黄山。□

三

(一) 讨论

给同学们介绍一下你们国家书写工具的发展历史或特有产品。

(二) 实践

全班集体去参观文化用品市场,仔细观察文房四宝的品种、产地、价格等各方面的情况,回来后带着自己所买的东西做一次交流。

补充阅读

刚当父亲心情好　一支胎毛笔八千八

让"小阿华"公司制作胎毛笔的师傅大吃一惊的是,有个"龙子"的父亲真是出手大方,他把满月时给儿子剃下的第一缕胎毛做成了一支胎毛笔,笔杆挑的是最贵的一种材质,价值8800元。"小阿华"的制笔师傅说,这是他们做过的十几万支笔中最贵的一支。

胎毛笔是把满月孩子第一次剃头时剃下的胎毛收集起来,经过多道工序加工制成的特殊的"笔"。因为胎毛没有经过修剪,有自然形成的发尖,所以胎毛笔一直被书法家们称为"最好用的一种笔"。随着人们生活水平的提高和对独生子女的疼爱,现在的胎毛笔逐渐成了年轻父母们留给孩子的最珍贵的纪念品。但一般父母都选择价值几百元的材质做笔杆,以收集胎毛为主要目的。最多的一家因为孩子出生时就顶了一头浓密的胎毛,他们一下子做了六支笔,分别送给了爷爷、奶奶、姥姥、姥爷。像前面那位父亲那样一掷千金的慷慨者,还是少见的。

(摘自新浪网—新闻中心—社会万象)

胎毛绣幅画　长大送恋人

如今不仅要让宝宝吃好穿暖,许多父母更希望能够留下宝宝一辈子的纪念。应运而生的婴儿胎毛制品受到了家长们的普遍喜爱。婴儿的胎毛可以做成胎毛笔、胎毛画、胎毛章等物品,不仅可以给父母留下一份终生的纪念,而且在宝宝长大后,还可以将这些作为定情物送给自己的恋人。

 历 史 人 文

第十三课 上下五千年

> 中国神话传说中的天地和人类是怎样产生的?
>
> 中国有记载的朝代有多少个?
>
> 中国历史上的哪个朝代最强盛?

课 文

盘古开天地

传说在很久很久以前,没有天也没有地,到处都是混沌一片,既分不清上下左右,也弄不清东南西北,简直就像一个圆圆的鸡蛋。这个圆圆的东西有一个中心,就像鸡蛋的蛋黄,里面孕育着一个人,名字叫盘古。他在里面孕育了一万八千年后,用他自己制造的巨斧,把这个圆圆的东西劈成了两个部分:一部分轻而清,一部分重而浊。轻而清的那部分不断地上升,逐渐形成了蓝天;重而浊的那部分不断下降,最后形成了广阔的大地。从盘古劈开混沌到最后形成天地,中间又经历了一万八千年。

盘古开天辟地以后,天地间只有他孤孤单单的一个人。他有时候高兴,有时候发怒,有时候哭泣,有时候叹息。因为天地是他开辟的,所以天地也就随着他的喜怒哀乐而发生种种变化。盘古高兴的时候,天就是晴朗的;盘古发怒的时候,天就是阴沉的;盘古哭泣的时候,一滴一滴的眼泪就是一阵一阵大雨,雨水汇合,形成江河湖海;盘古叹气的时候,嘴里喷出来的气形成阵阵狂风;盘古一眨眼

睛,天空就出现了一道闪电;盘古睡觉发出来的鼾声,就是天空中隆隆的雷声。

盘古在自己开辟的天地之间生活了很长很长时间,最后终于死去了。他死的时候,头东脚西平躺在大地上。后来,他的头化为气势雄伟的东岳泰山,他的脚化为群峰壁立的西岳华山,他鼓起的肚子化为风景秀丽的中岳嵩山,他的左臂在身体的南边,化为南岳衡山,他的右臂在身体的北边,化为北岳恒山,他的头发和汗毛,变成了大地上的树木和花草。

盘古死后,不知道又经历了多少岁月,才出现了人类的始祖女娲。最初,她一个人生活在天地间,觉得很孤独,于是就想造出一批人来跟她一起生活。开始时她用黄泥一个一个地捏泥人,后来又用粗绳子甩泥团。女娲向这些泥人和泥团吹一口气,他们都变成了有生命的人。从此,天地间有了人类,女娲也就成了神话传说中的人类祖先。

(根据《中国通史故事》改写)

 历　史　人　文

  玛丽亚　 刘文涛　 金元智

玛丽亚：提到中国的历史，人们常说"上下五千年"，它就是从盘古开始的吗？

刘文涛：盘古开天辟地的故事，只是古人关于天地和人类起源的神话传说。中国历史的开端，一般是从公元前22世纪即奴隶社会时代的夏代算起。在夏以前，是漫长的原始社会，称为远古时期。

金元智：夏代以后的两个朝代是不是叫商朝和周朝？听说最古老的汉字——甲骨文和金文都产生在这两个朝代。

刘文涛：是这样。除了甲骨文和金文以外，商、周的青铜器制造也相当发达，国家的管理制度已非常完备。

玛丽亚：孔子和庄子生活在哪个朝代？

金元智：孔子在春秋时代，庄子在战国时代。周朝分为西周和东周两段，其中东周包括春秋和战国两个时代。

刘文涛：你对中国历史怎么这样熟悉？

金元智：昨天我刚去过中国历史博物馆看了展览，把中国的各个朝代都记下来了。

玛丽亚：太好了！那春秋战国之后就该是秦朝和汉朝了吧？

金元智：对。我觉得秦始皇很了不起。他留下了万里长城、兵马俑等，让我们有机会了解两千多年以前的优秀文化。

刘文涛：的确，秦始皇给后人留下的东西很多。比如：规范和统一了文字；统一了货币和度量衡；把全国划分为三十六个郡，郡下面设置县，实行郡县制①等。这些对中国历史和文化的发展都有很大的推动作用。

玛丽亚：他既然是这么一个有作为的皇帝，为什么他的国家很快就灭亡了呢？说起秦始皇，很多老百姓似乎也都不喜欢他。

刘文涛：秦始皇有作为是有作为，但是他不好好儿爱护百姓，不停地让老百姓为他修宫殿、修陵墓、修长城，根本不考虑人

们的死活，所以老百姓说秦始皇是暴君，都反对他。

玛丽亚：汉代的皇帝怎么样？

刘文涛：汉代的皇帝吸取了秦朝亡国的教训，懂得了要想让国家强大起来，必须让老百姓有生存和发展的机会。所以，汉代的皇帝很重视发展农业，重视教育，重视国家的统一和管理，使社会各方面都得到很大的发展，国家也就强大起来了。

玛丽亚：汉代最了不起的皇帝是谁？

金元智：是汉武帝吧？

刘文涛：对。他当皇帝的时候，大力推行儒学教育，兴办太学，减少税收，减轻刑罚，发展军队，使国家强大起来。他还派张骞出使西域，发展汉族与各民族的友好关系。张骞当年走过的路，就是后来著名的丝绸之路。

玛丽亚：我知道汉唐是中国历史上最了不起的两个朝代，但是我不知道在这两个朝代之间还有哪些朝代？

金元智：汉朝之后还有三国、西晋、东晋、南朝和北朝，简称魏晋南北朝，此后是隋朝，隋之后就是唐朝了。

玛丽亚：我听说唐太宗李世民是一个很有作为的皇帝，他对唐朝的发展起着很重要的作用，是吗？

刘文涛：是的。他的"贞观之治"[2]为唐代社会的全面发展打下了深厚的基础，唐代政治、经济、文化的辉煌成就，都与他制定的政策有关，而唐代的成就又对宋、元、明、清等各个朝代的发展产生了很大的影响。唐太宗李世民也成为后代皇帝的楷模。

玛丽亚：中国的历史很长，朝代变迁也很有意思，但是朝代太多了，记住这些朝代的先后顺序很不容易。

刘文涛：你不是喜欢背诗吗？有人把中国朝代的顺序编成了一首诗，你把这首诗记住了，可以一举两得。

玛丽亚：真的有这样的诗吗？

刘文涛：当然，下次带给你。

玛丽亚：好，那我先谢谢你了！

词　语

1.	混沌	húndùn	chaos
2.	孕育	yùnyù	pregnant
3.	巨斧	jùfǔ	huge axe
4.	劈	pī	cleave
5.	浊	zhuó	turbid
6.	降	jiàng	fall
7.	广阔	guǎngkuò	wide
8.	孤孤单单	gūgū dāndān	lonely
9.	哭泣	kūqì	sob
10.	叹息	tànxī	sigh
11.	晴朗	qínglǎng	sunny
12.	阴沉	yīnchén	dismal
13.	汇合	huìhé	converge；join
14.	喷	pēn	gush
15.	眨	zhǎ	blink
16.	鼾声	hānshēng	sound of snoring
17.	隆隆	lónglóng	thunder；rumble；boom
18.	气势雄伟	qìshì xióngwěi	majesty
19.	群峰壁立	qún fēng bì lì	all the mountains stand like cliffs
20.	捏	niē	mould
21.	开端	kāiduān	beginning
22.	青铜器	qīngtóngqì	bronze vessels
23.	发达	fādá	developed
24.	完备	wánbèi	complete
25.	度量衡	dùliánghéng	weights and measures
26.	郡	jùn	district
27.	宫殿	gōngdiàn	palace
28.	暴君	bàojūn	tyrant
29.	儒学	rúxué	Confucianism

30. 太学	tàixué	the highest institution in ancient China
31. 辉煌	huīhuáng	brilliant
32. 楷模	kǎimó	model
33. 变迁	biànqiān	change；vicissitude
34. 编	biān	edit；compile
35. 一举两得	yì jǔ liǎng dé	kill two birds with one stone

专有名词

1. 盘古	Pángǔ	Pangu
2. 东岳泰山	Dōngyuè Tài Shān	the Tai Mountains (in the East Part of China)
3. 西岳华山	Xīyuè Huà Shān	the Hua Mountains (in the West Part of China)
4. 中岳嵩山	Zhōngyuè Sōng Shān	the Song Mountains (in the Middel Part of China)
5. 南岳衡山	Nányuè Héng Shān	the Heng Mountains (in the South Part of China)
6. 北岳恒山	Běiyuè Héng Shān	the Heng Mountains (in the North Part of China)
7. 女娲	Nǚwā	Nuwa
8. 张骞	Zhāng Qiān	Zhang Qian
9. 西域	Xīyù	the Western Regions

注 释

1. 郡县制（jùnxiànzhì，Jun and Xian System）："郡"和"县"都是行政区划名。秦统一中国后，把天下分为三十六个郡，后来增加到四十多个郡，郡下设县，形成郡县两级制度。郡和县的长官都由中央政府任免。

2. 贞观之治（Zhēnguān zhī zhì，Zhenguan Reign）："贞观"是唐太宗李世民的

年号(627—649)。唐太宗当皇帝后,积极改革政治,发展经济,改善民族关系,重用有德才的人,使社会安定,人民生活水平提高,天下得到很好的治理。所以,被称为"贞观之治"。

练 习

(一) 根据词义和搭配关系把左右两组词语用线连接起来

盘古	太学
女娲	顺序
到处	郡县
群峰	文字
风景	雄伟
气势	秀丽
统一	壁立
设置	混沌一片
朝代	捏泥造人
兴办	开天辟地

(二) 写出合适的中心语

圆圆的(　　)　广阔的(　　)　隆隆的(　　)　漫长的(　　)
古老的(　　)　亡国的(　　)　发展的(　　)　辉煌的(　　)

(三) 用本课的词语填空

1. 雾太大了,周围什么也看不见,真是(　　)一片。
2. 一个人在外国生活,有时候觉得挺(　　)的。
3. 天色(　　),看样子要下雨了。
4. 高山上的长城,显得(　　)。
5. 他对中国历史非常(　　),给我们讲了很多有趣的故事。
6. 他又能干又有爱心,大家都把他当做(　　)。
7. 暑假来中国留学,既能学汉语又能参观名胜古迹,是(　　)。

8. 盘古用巨斧(　　)开了天和地。

二

(一) 根据课文内容判断正误

1. 传说很久以前就有了天地,只是它们还没有分开。□
2. 盘古是从鸡蛋里孕育出来的。□
3. 在中国古代的传说中,是盘古开辟了天和地。□
4. 根据传说:
   A. 天地的变化都与盘古的喜怒哀乐有关。□
   B. 天阴沉是因为盘古在发怒,天晴朗则是他高兴的表示。□
   C. 盘古死后,他的身体就在山水和树木中消失了。□
   D. 盘古开辟了天地,女娲创造了人类。□
   E. 女娲一个人生活太孤独了,所以她创造了人类。□

(二) 根据对话内容判断正误

1. 周朝以前还有夏朝和商朝。□
2. 孔子和庄子生活在同一个时代。□
3. 在战国时,各国的汉字都不太一样,秦始皇统一中国后,规范并统一了汉字。□
4. 唐朝的张骞出使了西域,开辟了著名的"丝绸之路"。□
5. 李世民就是唐太宗,"贞观"是他的年号。□
6. 唐代以后几个朝代的顺序是元、宋、明和清。□

(三) 根据对话中的知识,选择合适的词语填在括号内

1. 商、周时代的(　　　)制造相当发达。
   A. 青铜器　　B. 纸
2. 孔子生活在(　　　) 时代。
   A. 战国　　B. 春秋
3. 西安的兵马俑是(　　　)留下来的。
   A. 秦朝　　B. 唐朝
4. 汉朝最了不起的皇帝是(　　　)。
   A. 秦始皇　　B. 汉武帝

5. （　　　）是在唐朝之前。

　　A．宋朝　　　　　B．隋朝

6. （　　　）是在宋朝和明朝之间。

　　A．宋朝　　　　　B．元朝

7. 中国古代最早的三个朝代是（　　　　　　　　）。

　　A．夏、商、周　　B．春秋、战国、秦代

（四）**根据课文、对话内容回答问题**

1. 在中国古人看来，天地是怎样形成的？
2. 在中国古代的神话传说中，女娲是怎样一个人物？
3. 在中国的历史中，汉代和唐代为什么那么重要？请举例说明。
4. 请按发展顺序说出中国的各个朝代。

（一）**讨论**

1. 每个民族都有关于天地和人类起源的神话或传说，请介绍一下你们国家的。
2. 关于天地和人类起源的神话或传说，中外有什么相同和不同的地方？为什么会不同呢？
3. 在中国历史上，秦始皇和唐太宗都做过了不起的大事，可是自古以来，却一个受批评最多，一个受赞扬最多，为什么？
4. 如果要想更快地了解中国历史，可以有哪些方法？请举例说明。

（二）**实践**

1. 请介绍一个中国历史人物或一个历史故事。
2. 参观一个名胜古迹，记录它所属的朝代、特点及相关的信息，并把这些信息介绍给同学。
3. 比一比，看谁能把中国的朝代都说出来。

补充阅读

朝代歌

（一）

唐尧虞舜夏商周，春秋战国乱悠悠。
秦汉三国晋统一，南朝北朝是对头。
隋唐五代又十国，宋元明清帝王休。

（二）

夏、商、周，
春秋、战国、秦，
西汉，
新公元界线平帝分，
东汉、三国、西东晋，
南、北朝，
隋、唐、五代、宋、辽、金，
元、明、清。
民国寿命短，
社会主义气象新。
以上约计四千二百春。

司马迁写《史记》

　　司马迁生活在西汉时代。他的父亲司马谈是一位历史学家，在朝中当太史令。司马谈希望儿子能继承自己的事业，所以从小就对司马迁教育很严，让他读了很多古书。从二十岁起，司马迁开始到全国各地游历，他还拜访了孔子、孟子的故乡，参观了孔子和孟子当年讲学的地方。这使他开阔了眼界，也增长了知识，为后来写《史记》打下了坚实的基础。

　　司马迁三十六岁那年，父亲因病去世。他父亲一生最大的心愿就是写一部历史书，记述朝代兴亡、明君贤相和忠臣义士的事迹，但是他没有能完成。临死前，他拉着司马迁的手，嘱咐他一定要继承自己的事业，把史书写完。司马

迁被父亲感动了，连连点头，接受了嘱托。

后来，司马迁也做了太史令。正当他努力工作的时候，遇到了一件不幸的事。他因为替李陵辩解而触怒了汉武帝，被处以刑罚，蒙受了莫大的耻辱。司马迁几次想自杀，但是一想到父亲的嘱托，就不甘心死去。于是，他决心忍辱活下去，一定要把史书写完。经过多年的努力，终于在他五十三岁那年，完成了这部伟大的历史著作《史记》。

第十四课　仁者爱人

> 孔子是一个什么样的人？
>
> 孔子有什么伟大的成就？
>
> 孔子对中国文化有着什么样的影响？
>
> 你知道一些孔子的名言吗？

课　文

孔子办学

年轻时的孔子很有学问，也很有名，但他并不想当一个教育家，而是在许多诸侯国之间游历，宣传自己的政治思想，想帮助各国的君王治理国家，但他始终没有找到机会，经历了很多的失败。这使孔子不得不放弃了自己原来的理想，决心全力办学，并收下了很多学生。

有个年轻人叫颜回，家里很穷。他很想拜孔子为师，可是又担心自己交不起学费。一天，他来到孔子讲学的地方，只见有几个人正坐在一棵大树下面，听孔子讲课。孔子说，不论什么人，只要交来十条干肉做学费，他就愿意教他们。听到这里，颜回高兴极了，连忙跑回去，告诉他的朋友子路、子贡。几天以后，他们三个人都成了孔子的学生。

孔子经常对学生讲关于"仁"的道理，教学生要爱人。有一天，孔子和学生经过泰山，看见一位妇女坐在一座坟边，哭得十分伤

心。孔子就问她为什么这么悲伤,妇女哭着告诉孔子:"我的公公、丈夫和儿子都先后在这儿被老虎吃掉了。"孔子又问她:"你为什么不早一点儿离开这里,搬到别的地方去住呢?"妇女回答说:"因为这里没有残酷的统治。"孔子听了以后,就对身边的学生说:"你们都要记住,残酷的统治比老虎还要凶猛,还要可怕!"

孔子还非常注意培养学生良好的学习习惯和方法。一次,孔子带着学生到卫国去讲学。一路上,孔子和学生一起谈论诗歌、道德、政治等问题。学生们都非常佩服老师的学问,很想知道老师是怎样学习的。孔子告诉学生:"我以前总是喜欢一个人坐在那里想问题,有时候忘记了吃饭和睡觉,可是一点儿收获也没有。后来,我又拼命地读书,还是没有什么收获。最后我终于懂得了,只是死读书而不思考,就必然没有收获。如果不重视读书,脱离实际乱想,对许多问题仍然不能理解。只有一边努力读书,一边积极思考,并经常复习已经学过的知识,用学过的道理去思考、分析问题,这样的学习才能进步。"

孔子活了七十三岁。他去世的时候,学生们都非常悲伤,有的学生在他的墓旁守了三年。为了永远不忘记老师的教导,学生们把平时记录下来的孔子言论和行动,整理成了儒家学派的第一部经典著作《论语》。

(根据上海外语教育出版社《中国文化历史故事》改写)

山本惠 玛利亚 刘文涛

山本惠：中国人在接待朋友时常说这样一句话："有朋自远方来，不亦乐乎。"让人觉得非常亲切热情。

玛利亚：这句话我也常听到，后来朋友告诉我，这是大名鼎鼎的孔子说的。

山本惠：孔子可是一个伟大的人物。在他的著作《论语》当中，有很多名言呢，我最喜欢的还有一句话，叫"三人行，必有我师"。

刘文涛：这句话确实是孔子的名言。不过，说《论语》是孔子的著作，可能不够准确。《论语》是孔子去世后，他的弟子们根据平时所记忆或记录的孔子言行汇集而成的，因为它集中了孔子思想和言行的精华，所以被后世当做儒家经典。

玛利亚：你提到的孔子和儒家之间是一种什么关系呢？

刘文涛：孔子是儒家学派的创始人，他生活在两千多年以前的春秋时代的末期。这个时期是中国历史上社会剧烈变革的时期，旧的奴隶制度①正在崩溃，新的封建制度②正在形成，社会上各种思想非常活跃，出现了很多学术流派。

山本惠：这个现象在历史上被称为"百家争鸣"。

刘文涛：对。孔子创立的儒家就是其中之一。

玛利亚：我有个问题：孔子创立的学说为什么叫做"儒家"？"儒"这个字在当时是什么意思？

刘文涛："儒"是指当时的一些掌握礼仪的知识分子，他们的工作是为王家和贵族主持典礼、仪式等活动，这在当时成为了一种职业。孔子就是属于这一类人，所以后世就把孔子的学说称为儒学，把传承儒学的一批人称为儒家了。

山本惠：我非常想了解作为一个伟大的思想家，孔子思想的精华到底有哪些呢？

刘文涛：一般认为，孔子思想的主要内容有三个方面。一个是"仁"，

从字面上看，这个字表示两个人，这说明"仁"是讲人与人之间的关系的。孔子从这里进一步引申出了"仁者爱人"的思想，他认为：道德高尚、性格刚直、博学多才的人是"仁者"；而人和人之间都是同类，应该互相关心和同情。正是在这个思想的基础上，孔子有一个弟子说出了"四海之内皆兄弟也"③这样的话。

玛利亚：我觉得孔子在那么早的时候就提出了"仁爱"这种思想，这在封建社会中一定是有积极意义的。

刘文涛：我也这样认为。孔子思想的第二个重要的方面是"礼"。

山本惠：这个"礼"一定是让人讲礼貌的意思吧？

刘文涛：我觉得你的理解可能简单了一些。孔子说的"礼"指的是周礼，它包括的主要内容是周族逐步形成的典章、制度、礼节、习俗等。孔子从小就学习周礼，在他看来，"礼"在社会生活中的重要性是什么也比不了的。

玛利亚：你能不能把"礼"的内容再解释得更具体一点？

刘文涛："礼"有两个重要的原则：一是尊上，就是把人分为许多等级，保持低贱者对尊贵者的尊崇，承认贵族的特权；二是亲亲，就是家族之间根据长幼次序而应有的爱，如父慈子孝兄友弟恭④等等。

山本惠：怪不得历代的封建统治者都要推崇孔子的思想，因为他的这些理论非常有利于维持封建秩序和社会稳定。那你说孔子思想的第三个内容是什么呢？

刘文涛：就是"中庸"，你们听说过吗？

玛利亚：倒是听中国朋友提到过这个词，但不太明白它的具体意思，是不是说人的思想和行为都不要太偏激呀？

刘文涛：我觉得你总结得有道理。孔子认为"中庸"是最高的道德标准，就是考虑问题和处理事情都要做到无过无不及，恰到好处。如果你善于把握这个"中"，那么你的行为也就自然符合"仁"和"礼"了。孔子的这个思想对中国人的影响一直持续到现在。

山本惠：孔子除了是一个伟大的思想家以外，还是一个伟大的教育家，他是中国历史上最早公开进行私人讲学的教师，传说他的学生有三千人呢。

玛利亚：没错儿。孔子第一个提出了"有教无类"的教育思想，意思就是不分等级家族，对于想学习的人都应该给以教育。所以在他的学生里，既有出身高贵的人，也有出身低贱的人，这在当时是一件非常了不起的事情。

山本惠：孔子不仅是中国的名人，也是世界的名人。有机会的话，真想去他的老家看一看。

玛利亚：孔子的老家就在现在的山东曲阜吧？

刘文涛：对。你们还可以顺便游览一下附近的泰山，那上面还有孔子登临时题的"登泰山而小天下"呢。

山本惠、玛利亚：是吗？那我们就更要去看看了。

词　语

1.	游历	yóulì	travel
2.	君王	jūnwáng	king
3.	治理	zhìlǐ	govern
4.	全力	quánlì	with all one's strength
5.	拜	bài	take sb. as one's teacher
6.	讲学	jiǎng xué	give lectures
7.	仁	rén	benevolence; kind heartedness; humanity
8.	悲伤	bēishāng	sad
9.	残酷	cánkù	cruel
10.	统治	tǒngzhì	to rule
11.	凶猛	xiōngměng	violent
12.	培养	péiyǎng	cultivate
13.	谈论	tánlùn	talk about

14.	诗歌	shīgē	poem
15.	去世	qù shì	pass away; die
16.	教导	jiàodǎo	teach; instruct
17.	言论	yánlùn	statement
18.	整理	zhěnglǐ	put in order; straighten out
19.	学派	xuépài	school of thought
20.	经典	jīngdiǎn	classic
21.	大名鼎鼎	dàmíng dǐngdǐng	well-known; famous
22.	言行	yánxíng	words and deeds
23.	汇集	huìjí	gather; collect
24.	精华	jīnghuá	essence
25.	后世	hòushì	later ages
26.	创始人	chuàngshǐrén	founder
27.	剧烈	jùliè	violent; acute, severe
28.	变革	biàngé	change; reform
29.	崩溃	bēngkuì	collapse
30.	流派	liúpài	school
31.	创立	chuànglì	found
32.	礼仪	lǐyí	etiquette and ceremony
33.	知识分子	zhīshi fènzǐ	intellectual
34.	王家	wángjiā	royal family
35.	贵族	guìzú	noble
36.	主持	zhǔchí	preside over
37.	典礼	diǎnlǐ	ceremony
38.	仪式	yíshì	ceremony
39.	引申	yǐnshēn	extend
40.	高尚	gāoshàng	noble-minded
41.	刚直	gāngzhí	firm and straightforward
42.	博学多才	bó xué duō cái	erudite and versatile; very learned
43.	同类	tónglèi	of the same kind

44. 典章	diǎnzhāng	classical works
45. 低贱	dījiàn	humble
46. 尊贵	zūnguì	honorable; noble
47. 特权	tèquán	privilege
48. 次序	cìxù	order
49. 推崇	tuīchóng	hold in esteem
50. 维持	wéichí	maintain; keep
51. 偏激	piānjī	extreme
52. 恰到好处	qià dào hǎochù	suitable
53. 把握	bǎwò	master
54. 持续	chíxù	last

专有名词

| 卫国 | WèiGuó | Wei State |

注 释

1. 奴隶制度(Núlì Zhìdù, Slave System)：一种社会制度。在这种社会中，奴隶主不仅占有生产资料，而且还有奴隶的人身。奴隶没有人身自由，是奴隶主的私有财产。

2. 封建制度(Fēngjiàn Zhìdù, Feudal System)：一种社会制度。在奴隶制度的基础上产生，封建地主占有土地，剥削农民的劳动，但农民有一定的人身自由。

3. 四海之内皆兄弟也(sìhǎi zhī nièi jiē xiōngdì yě, We are all brothers all over the world.)：四海，指全国或全世界。这句话的意思是普天下的人都亲如兄弟。见于《论语·颜渊》。

4. 父慈子孝兄友弟恭(fù cí zǐ xiào xiōng yǒu dì gōng, The father should be kind the son should be obdient, the elder brother should be friendly, and the younger brother should be polite.)：当父亲的应该慈爱，当儿子的应该孝

史文

顺,当兄长的应该友爱,当弟弟的应该恭敬。

（一）选择合适的解释
1. "大名鼎鼎"的意思是：
   A.名气很大　　　B.名字的含义很大　　C.名字叫"鼎鼎"
2. "博学多才"的意思是：
   A.博士有学问有才能
   B.学问很大,才能很多
   C.多学习就会有才能
3. "恰到好处"的意思是：
   A.正好到了一个很好的地方
   B.这样做恰好能得到一个好处
   C.正好到了一个合适的地步
4. "偏激"的意思是：
   A.情绪过分激动　　B.有偏向的见解　　C.思想或言行过分了
5. "凶猛"的意思是：
   A.性格凶恶而又力气很大
   B.凶手的力气非常大
   C.情况又危险又猛烈
6. "崩溃"的意思是：
   A.物体突然裂开　　B.物体突然倒下　　C.彻底被破坏

（二）解释下列词语
1. 经典
2. 精华
3. 创始人
4. 知识分子
5. 特权

6. 流派

（三）在括号中填入适当的词语

1. 填入名词

   治理（　　）　　谈论（　　）　　佩服（　　）　　思考（　　）
   编写（　　）　　教导（　　）　　汇集（　　）　　主持（　　）
   推崇（　　）　　维持（　　）　　把握（　　）

2. 填入名词

   悲伤的（　　）　　残酷的（　　）　　凶猛的（　　）
   经典的（　　）　　剧烈的（　　）　　高尚的（　　）
   刚直的（　　）　　尊贵的（　　）　　偏激的（　　）

（四）写出同义词或反义词

1. 写出同义词

   治理——　　　　悲伤——　　　　凶猛——　　　　培养——
   去世——　　　　佩服——　　　　把握——　　　　维持——

2. 写出反义词

   悲伤——　　　　精华——　　　　同类——　　　　高尚——
   低贱——　　　　偏激——

二

（一）根据课文内容回答问题

1. 孔子年轻时的理想是什么？后来为什么放弃了？
2. 颜回是怎样成为孔子的学生的？
3. 孔子说残酷的统治比老虎还凶猛，这句话表现了孔子的什么思想？
4. 说说孔子教给了学生们什么样的学习方法。
5. 孔子去世后，他的学生们做了些什么？

（二）根据对话内容判断正误

1. "三人行，必有我师"这句话的意思是有三个人在路上走，其中有一个人是我的老师。□
2. 《论语》这本书并不是孔子自己写的。□

3. 《论语》集中了孔子思想和言行的精华,成为儒家的经典。□
4. 孔子生活在两千多年以前的春秋末期。□
5. 孔子把自己所创立的学派命名为"儒家"。□
6. 在孔子之后,儒家学派的主要代表人物是战国时期的孟子。□
7. 儒家思想一直是中国封建社会中的统治思想。□
8. 孔子的"仁"的思想主要是说两个人要互相关心、互相爱护。□
9. 孔子的"礼"的思想主要是说人与人之间要讲礼貌。□
10. 孔子的"中庸"的思想主要是说人的思想和行为都不要偏激,要做到无过无不及,恰到好处。□
11. 孔子既是伟大的思想家,又是伟大的教育家。□
12. 孔子的老家就在泰山的附近。□

(三) 根据对话内容回答问题

1. "百家争鸣"指的是一个什么样的历史现象?
2. "儒家"这个称呼是什么意思?又是怎么来的?
3. 孔子思想的三个方面分别是指什么?具体解释一下。
4. 为什么说孔子又是一个伟大的教育家?

(一) 讨论

1. 说说你所知道的孔子。
2. 孔子的思想影响很广泛,请举例说说。
3. 给大家介绍一位在你们国家最有影响的思想家、哲学家、教育家或文学家,说说他的主要思想和对后世的影响。

(二) 实践

1. 看一些关于孔子的电影或电视片,增加感性认识。
2. 调查5—10个中国人,了解他们对孔子的认知程度和看法。

补充阅读

孔子语录

○ 学而时习之,不亦说(yuè)乎?有朋自远方来,不亦乐乎!人不知而不愠,不亦君子乎?

○ 君子食无求饱,居无求安,敏于事而慎于言,就有道而正焉,可谓好学也已。

○ 不患人之不已知,患不知人也。

○ 温故而知新,可以为师矣。

○ 学而不思则罔,思而不学则殆。

○ 敏而好学,不耻下问,是以谓之文也。

○ 知之者不如好之者,好之者不如乐之者。

○ 智者乐水,仁者乐山。智者动,仁者静。智者乐,仁者寿。

○ 三人行必有我师焉。择其善者而从之,其不善者而改之。

○ 三军可夺帅也,匹夫不可夺志也。

○ 岁寒,然后知松柏之后凋也。

○ 过犹不及。

○ 己所不欲,勿施于人。

○ 君子成人之美,不成人之恶。小人反是。

○ 无欲速,无见小利。欲速,则不达。见小利,则不事不成。

○ 人无远虑,必有近忧。

○ 过而不改,是谓过矣。

(摘自《论语》)

第十五课　一代明君李世民

李世民是怎样一位皇帝？为什么称他为"明君"？
唐代是怎么强盛起来的？

课文

明君典范李世民

　　李世民是中国唐代的第二位皇帝，是历史上有名的明君。他曾跟随父亲南征北战，建立了很多战功。唐帝国建立以后不久，李世民继承了王位，即唐太宗，当时只有二十七岁。

　　李世民即位后，非常重视有才能的人，对他们提出的治理国家的好办法都积极采纳。有一个叫魏征的官员，看到大唐有这样一位明君，非常高兴，总是把自己的意见毫无保留地告诉唐太宗。他曾对唐太宗说：皇帝好像船，百姓好像水，水能载船也能把船弄翻了。所以，皇帝要关心百姓的生活，让百姓安居乐业，这样才能发展社会的经济。有一次，太宗打算征用那些身材高大但是还不满十八岁的男子当兵，以此来扩充军队的力量。魏征说：军队不在多而在精，何必征用未成年的男子来凑人数？经过辩论，太宗终于认识到自己的错误，取消了这个打算。后来魏征因病去世了，太宗曾对别的官员说："用铜制成镜子，可以照见穿戴是否端正；用古史作为镜子，可以了解历代的兴亡；用人做镜子，可以发现自己的长处和短处。我经常持有这三面镜子，才会少犯错误。现在魏征去世了，我就少了一面镜子！"因为唐太宗重视人才，君臣团结，社会稳定，经济也

空前繁荣起来。

唐太宗是一位善于处理民族关系的皇帝,他在国力强大的基础上,采用了和亲的手段,加强了唐朝和边疆各族的联系,从而促进了彼此的繁荣和发展。唐朝初年,在青藏高原上兴起了一个藏族王朝,叫吐蕃,就是现在的藏族。吐蕃的君王松赞干布十分羡慕高度发达的唐朝文化,决心与唐朝建立友好关系,就派使臣到唐都长安访问并提出要娶唐朝的公主。太宗把二十四岁的文成公主嫁给了松赞干布,并派两位高级官员护送,带着公主的乳娘、宫女、医师、乐队、工匠、官吏以及卫士。太宗还为公主准备了一份丰厚的嫁妆,其中有金银、珠宝、绸帛,显示了唐朝的强盛;有经史、诗文、佛经、佛像以及种树、工艺、医药、历法等书籍,带去了中原文化的精华;还有谷物和蔬菜的种子、药材、茶叶、工具等物品,送去了中原农业、手工业的先进技术。松赞干布亲自到青海迎接,并穿上唐朝的礼服,以唐朝女婿的身份向护送公主的官员行礼,对太宗表示感谢,并请向太宗问好。文成公主入藏后,不仅带去了先进的中原文化,也加强了双方在政治上的联合。

唐太宗政治上的开明为唐朝的经济、文化发展以及社会的稳定带来了良好的环境,唐王朝从此空前强大起来了,明君李世民的英名也得到中国人民代代传扬。

 历 史 人 文

对话 刘文涛 托马斯  金元智

刘文涛：唐太宗作为中国的明君典范是当之无愧的！

托马斯：你是说他有治理国家的才能，对吗？

刘文涛：不只这些，还有他宽大的胸怀和过人的见识。

托马斯：你为什么这样说？

刘文涛：你知道魏征是什么人吗？

托马斯：是一位忠臣。

刘文涛：对。但是，魏征以前曾是太子建成的谋臣。

金元智：就是"玄武门之变"中的哥哥。

刘文涛：而且魏征曾经向唐太宗的哥哥即太子建成献技杀害李世民。但是李世民见魏征才智过人，而且敢于在君王面前坚持自己的正确意见，就不计前嫌，让魏征在朝廷中担任重要的职位，使魏征成为治理国家的得力重臣。

金元智：这是一般人做不到的事。

托马斯：文成公主和西藏的松赞干布结婚，很了不起。

金元智：确实是，因为唐代的政治、经济远远超过吐蕃，唐太宗还同意自己的公主嫁到落后的地方去。

刘文涛：相传当时好几个民族都派了求亲的使节。

托马斯：为什么唐太宗同意把文成公主嫁给松赞干布呢？

刘文涛：由于求亲的人多，唐太宗就出了五道题，规定哪国使臣答得最好，就跟哪国结亲。

金元智：出题？真厉害！

托马斯：你快说说，都出了什么题？

刘文涛：有一道题是要求用一根很细的丝线，穿过一颗有九曲孔道的明珠。

托马斯：这道题可真够难的！

刘文涛：几位使臣手拿丝线，都不知该怎么穿。只有吐蕃使臣想出了一个好办法，他把丝线系在一只蚂蚁的腰上，把蚂蚁放

在九曲珠的孔内,然后不断向孔内吹气。不一会儿,蚂蚁穿过九曲孔道,把丝线也带过去了。

金元智:让小蚂蚁帮大忙,真是够聪明。

托马斯:还有什么题?

刘文涛:还有一道题,是要求把一百匹母马和一百匹小马的母子关系辨认出来。

托马斯:是马戏团里的马吗?

刘文涛:我想不是,就是一般的马。

金元智:确定母子关系?马又不会说话,这怎么可能呢?

刘文涛:吐蕃的使臣见其他人都没有办法,就献计把母马和小马分开,不让小马吃喝。过了一天,他把母马放出来,只见饿坏了的小马,一个个跑向自己的母亲去吃奶,这样它们的母子关系就非常清楚了。吐蕃的使臣先后通过了五次考试,使松赞干布的求婚获得了成功。

托马斯:答题的人聪明,出题的人也很高明。

刘文涛:李世民不仅注意和其他少数民族的关系,也很注意唐代和别的国家的文化交流。比如,积极支持唐僧去古印度学习佛教的经典。

金元智:唐僧?是不是中国神话小说《西游记》里的那位唐僧?

刘文涛:就是他。

托马斯:我看过卡通片《西游记》,里边有个孙猴子可以有七十二种变化,保护自己的师傅唐僧去西天取经成功。

刘文涛:唐僧可是确有其人,他曾经受到唐太宗的召见。

托马斯:是吗?

金元智:唐僧从古印度取经回来后,唐太宗曾命他把从古印度取来的佛经译成汉文,把在取经路上的见闻记载下来。后来唐僧翻译了七十五部佛经,丰富了中国已有的佛教理论;他还把中国古代重要的哲学著作老子的《道德经》翻译成梵文,介绍给古印度人;写了《大唐西域记》,把十多年来的旅行经历,沿途各国的历史沿革、风土人情、宗教信仰、地

历 史 人 文

理位置等等,都详细地记载下来。
托马斯:噢,难怪明代的神话小说这样受欢迎,原来唐僧这么伟大。
刘文涛:唐太宗作为皇帝,对中国的政治、军事、经济、文化等等都
　　　　有很独到的发展,他也很伟大,对不对?
金元智、托马斯:对。

词　语

1. 明君　　　　　míngjūn　　　　　　wise emperor
2. 继承　　　　　jìchéng　　　　　　 inherit
3. 采纳　　　　　cǎinà　　　　　　　accept
4. 毫无保留　　　háo wú bǎoliú　　　without any reserve
5. 安居乐业　　　ān jū lè yè　　　　live and work in peace and content-
　　　　　　　　　　　　　　　　　　ment
6. 打算　　　　　dǎsuan　　　　　　 plan to
7. 扩充　　　　　kuòchōng　　　　　 enlarge
8. 凑　　　　　　còu　　　　　　　　put together
9. 辩论　　　　　biànlùn　　　　　　debate
10. 取消　　　　 qǔxiāo　　　　　　 cancel
11. 穿戴　　　　 chuāndài　　　　　 dress
12. 端正　　　　 duānzhèng　　　　　proper
13. 空前　　　　 kōngqián　　　　　 unprecedented
14. 繁荣　　　　 fánróng　　　　　　prosperous
15. 边疆　　　　 biānjiāng　　　　　frontier
16. 彼此　　　　 bǐcǐ　　　　　　　 each other
17. 羡慕　　　　 xiànmù　　　　　　 envy
18. 使臣　　　　 shǐchén　　　　　　envoy
19. 嫁　　　　　 jià　　　　　　　　marry
20. 护送　　　　 hùsòng　　　　　　 escort
21. 丰厚　　　　 fēnghòu　　　　　　rich

22. 传扬	chuányáng	spread
23. 当之无愧	dāng zhī wú kuì	worthy; deserving
24. 见识	jiànshi	knowledge
25. 忠臣	zhōngchén	loyal official
26. 谋臣	móuchén	advisor
27. 献计	xiàn jì	offer advice
28. 才智过人	cái zhì guò rén	having extraordinary wisdom and ability
29. 敢于	gǎnyú	dare to
30. 坚持	jiānchí	maintain
31. 不计前嫌	bú jì qián xián	regardless of previous illness
32. 得力（重臣）	délì (zhòngchén)	capable (official)
33. 相传	xiāngchuán	it is said
34. 使节	shǐjié	envoy
35. 结亲	jié qīn	become related by marriage
36. 明珠	míngzhū	pearl
37. 孔	kǒng	hole
38. 匹	pǐ	measure word for horse
39. 辨认	biànrèn	identify
40. 取经	qǔ jīng	go on a pilgrimage for Buddhist scriptures
41. 风土人情	fēngtǔ rénqíng	naturel conditions and native customs
42. 详细	xiángxì	in detail
43. 独到	dúdào	anique

专有名词

1. 吐蕃	Tǔbō	Tubo
2. 唐僧	Tángsēng	Tangseng

一

(一) 在括号内填上适当的词

安居（　）业　　　（　）无保留　　　当之无（　）

才智（　）人　　　不计前（　）　　　风（　）人（　）

(二) 写出相反、相同或相近的词

爱戴（　　）　　打算（　　）　　繁荣（　　）　　取消（　　）

彼此（　　）　　扩充（　　）　　端正（　　）　　边疆（　　）

(三) 解释下列词语

1. 彼此
2. 羡慕
3. 记载
4. 使节

(四) 根据所给的意思写出相应的词

1. 可以作为学习、效仿标准的人或事。（　　　　）
2. 接受（意见、建议、要求）。（　　　　）
3. 彼此用一定的理由来说明自己对事物或问题的见解。（　　　　）
4. 根据特点找出某一对象。（　　　　）
5. 周密完备。（　　　　）
6. 有决心有勇气（去做或去争取）。（　　　　）
7. 见闻、知识。（　　　　）
8. 马、骆驼等的量词。（　　　　）

二

(一) 根据课文内容判断正误

1. 李世民是唐代第一位皇帝。□

2．李世民当上皇帝后杀了魏征。□
3．魏征是李世民手下的一名将军。□
4．文成公主嫁给了吐蕃的君主松赞干布。□
5．李世民开始做皇帝的时候只有二十九岁。□

（二）**根据对话选择正确答案**
1．唐太宗不杀魏征是因为：
   A．魏征曾经保护过李世民　　B．魏征敢于向皇帝提出不同意见
2．李世民向来求婚的使节出了几道题？
   A．六道　　　　　　　　　　B．五道
3．根据唐僧去西天取经的故事写成的神话小说是：
   A．《西游记》　　　　　　　B．《大唐西域记》
4．唐太宗说，用铜制成镜子，可以照见穿戴是否端正，用人做镜子可以：
   A．了解历代的兴亡　　　　　B．发现自己的长处和短处
5．吐蕃是现代的哪个民族：
   A．维吾尔　　　　　　　　　B．西藏

（三）**根据课文和对话回答问题**
1．为什么说李世民是明君？试举例回答。
2．"皇帝好像船，百姓好像水"说明什么道理？
3．吐蕃使者怎样让一百匹小马辨认出它们的母亲？

（一）**讨论**
1．当一位明君应当具备哪些条件？
2．是不是只有皇帝才有机会面临当"明君"的问题？

（二）**实践**
看一部有关唐王李世民的电影或电视剧。

补充阅读

玄武门之变和贞观之治

唐王朝刚建立不久,唐高祖的三个儿子,太子建成、齐王元吉及秦王李世民不和。太子建成心胸狭窄,嫉妒秦王李世民在唐王朝建立过程中的卓越成绩和非凡的军事才能,就和齐王元吉勾结在一起,伺机陷害自己的亲生兄弟李世民。

有一天太子和齐王邀请李世民去喝酒时,他在李世民的酒杯中放了毒药,李世民喝酒喝到一半时,感到身体很不舒服,借机离开酒席回家,才免于一死。李世民看清楚了两位兄弟的阴谋,不仅提高了警惕,而且向父亲高祖报告了太子和齐王的丑行。高祖觉得非常气愤,但是又心疼自己的儿子,只对太子和齐王轻描淡写地批评了几句就算过去了。李世民深感自己的人身安全随时都有可能受到两位亲兄弟的威胁。高祖九年六月,太子和齐王又有了新的谋杀李世民的计划,李世民得到消息后,在玄武门外设下伏兵,趁太子、齐王入朝时将他们杀死。

"玄武门之变"以后,高祖立李世民为太子,参与商讨国家大事。八月太子即位,高祖称太上皇,第二年改年号贞观。

第十六课　丝绸之路

> 丝绸之路是怎样开通的？
>
> 丝绸之路都经过哪些地方？
>
> 开通丝绸之路有什么重要意义？

课文

丝绸之路

公元前138年，在长安(今西安)通往西域的路上，有一支队伍在前进，他们是汉武帝派往大月氏的外交使团。他们所走过的这条路，成为后来著名的丝绸之路。

说到丝绸之路，就不能不提到张骞，他既是中国历史上由官方派使臣出访西域的第一人，也是开拓丝绸之路、建立欧亚交流通道的功臣。

张骞生活在西汉时代，出使前在汉武帝宫中任侍从一类的小官。那时，分布在北方的匈奴人经常抢劫边境，杀害老百姓，甚至几次进攻到中原，给汉朝造成很大的威胁。为了彻底解决匈奴的侵害，汉武帝决定联合匈奴的仇敌大月氏，一起打击匈奴。但是，大月氏在匈奴的西边，当时，通西域的路被匈奴控制着，道路非常危险，没有人敢去。于是，汉武帝公开招募既聪明又勇敢的志愿者当外交使节，代表汉朝去大月氏，说服他们与汉朝联合，共同打击匈奴。张骞是个有志气的青年。他想，打匈奴是为了汉朝的安全，出使大月

氏虽然很危险，但很有意义，于是就报名当了使者。

经过千辛万苦，张骞终于到了大月氏，但是说服大月氏与汉朝一起打击匈奴的事情却没有成功，张骞只好回到长安。这一次出使西域，一共花了十三年。去时随行的有一百多人，回来时只剩下他和翻译堂邑父两个人。

后来，张骞又试着从中国的西南（今四川等地）去大月氏，但都没有成功。直到公元前116年，汉武帝再次派他率领一支三百多人的使团访问乌孙国，在乌孙王的帮助下，张骞访问了大宛、康居、月氏、大夏等国，完成了外交使命。这些国家纷纷派使者跟随张骞来到长安，答谢汉武帝的友谊。张骞的副使则先后访问了安息、条支、奄蔡、身毒、于阗、于弥等中亚和西亚国家，数年之后回到长安。不久，这些国家也先后派使者回访，中国与中亚、西亚各国的官方往来从此拉开了序幕，中外优秀的文化也通过这条道路得到传播和交流，特别是中国的丝绸和印度的佛教，与张骞开拓的这条路有着密不可分的关系。

托马斯 孙静怡 山本惠

托马斯：在西汉那种时代，张骞敢去那么遥远而陌生的地方，并且取得了成功，真是了不起！

孙静怡：所以，许多欧洲人在谈到他的时候，称他为"伟大的中亚地理探险家"。

山本惠：介绍张骞出访，人们总用"出使西域"这个词。我不太明白"西域"具体包括哪些地方？

托马斯：是不是指甘肃以西的地方？

孙静怡：是的。但是人们在使用西域这个词时，有广义和狭义两个概念。广义的西域是指玉门关（在今甘肃敦煌西北）、阳关（在今敦煌西南）以西地区，其中包括亚洲中西部、印度半岛、欧洲东部和非洲北部。狭义的西域通常指葱岭（以前对帕米尔高原和昆仑山、喀喇昆仑山西部各山的总称）以东地区。

山本惠：我非常想顺着丝绸之路旅行一次，但是我听说这条路很复

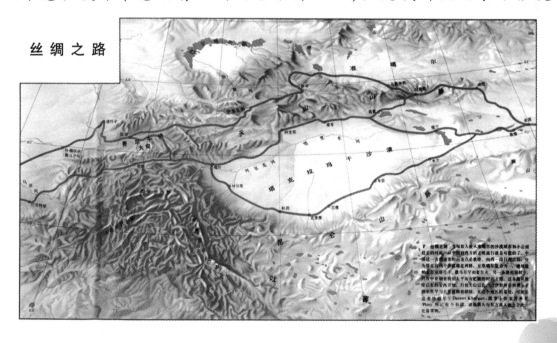

丝绸之路

杂,有不同的路线。为什么呢?

孙静怡: 自汉朝开通这条道路以后,很多朝代对丝绸之路都有新的探索,寻找更方便更好走的路,开拓了许多支线,于是形成干线越来越长、支线越来越多的情况。

托马斯: 那主要干线经过哪些地方呢?

孙静怡: 东边从现在的西安开始,穿过河西走廊,沿着塔克拉玛干大沙漠的南北边缘,跨越帕米尔高原,经过中亚草原,横越伊朗高原,一直延伸到地中海东岸和北岸。

山本惠: 真是够长的! 我听说现在中国有"丝绸之路"旅游路线,这条旅游路线是指哪些地方呢?

托马斯: 这个问题我可以告诉你,因为暑假中我刚刚参加了这条线的旅游。

山本惠: 太好了!

托马斯: 汉朝以后,每个朝代都继续利用丝绸之路与外国交流,但是这些朝代的都城不同,所以起点也就不同。比如,西汉和唐朝是以长安为起点,东汉到北魏多以洛阳为起点,元代又以大都(今北京)为起点。不过,无论从哪里出发,无论走哪条路,都必须经过河西走廊,所以古代的河西四郡——武威郡、张掖郡、酒泉郡、敦煌郡,是丝绸之路中最重要的一段。中国的丝绸之路旅游线,一般都包括以上四个地方,有的路线还会延长到新疆。

山本惠: 我对佛教文化很感兴趣,听说印度佛教最早就是从这条路传到中国的。不知道现在还能不能看到那时候的一些情况?

托马斯: 不但可以,而且是最好的选择。因为沿丝绸之路有很多著名的石窟和佛寺,比如兰州市附近的炳灵寺石窟,天水市附近的麦积山石窟、敦煌莫高窟,新疆吐鲁番附近的千佛洞等,这些石窟或佛寺中的艺术,都反映了各个时代佛教传播和发展的情况,非常生动。

孙静怡: 特别是南北朝时期,通过丝绸之路去印度取经的人很多,一些中亚僧人也通过丝绸之路来中国传教,洛阳成为他们翻译佛经、传播佛教的中心。

山本惠：丝绸之路的历史已经很长了,它在哪个朝代最繁荣呢？

孙静怡：在唐代。唐代是中国历史上政治、经济、文化最发达的时期,政治非常开明。他们不仅向外传播优秀的中国文化,也积极吸收外国文化。那时的长安,可以说是一个国际大都市,不仅住着许多来自日本、朝鲜等国的使者和留学生,还有许多来自西域的波斯人。他们有的是官方使者,有的是则商人、艺人或留学生。

托马斯：怪不得唐代的音乐和服装有那么浓的外国味。

山本惠：除了丝绸以外,还有什么影响比较大的中华文明是通过这条路传给世界的？

孙静怡：那就是中国的四大发明了。

山本惠：是造纸术、印刷术、指南针和火药吗？

孙静怡：对。

托马斯：我听说中国的四大发明都是通过阿拉伯人传到欧洲去的。

孙静怡：是这样。阿拉伯人始终是活跃在丝绸之路上的中介商人,许多东西方的物质文明和精神文明都是通过他们传递的。但是,这种传递是靠丝绸之路来完成的。所以,这条路对世界文化的交流与发展是非常重要的。

山本惠：听你们这么一介绍,我现在就想去买火车票！

托马斯：干吗？

山本惠：开始我的丝绸之路旅行呀！

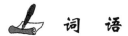

词 语

1.	开拓	kāituò	reclaim; open up
2.	功臣	gōngchén	a person who has rendered outstanding service

历 史 人 文

3.	侍从	shìcóng	attendants
4.	抢劫	qiǎngjié	rob
5.	中原	zhōngyuán	the Central Plains
6.	威胁	wēixié	threaten
7.	侵害	qīnhài	encroach on
8.	仇敌	chóudí	enemy
9.	招募	zhāomù	recruit
10.	志愿者	zhìyuànzhě	volunteer
11.	千辛万苦	qiān xīn wàn kǔ	innumerous trials
12.	随行	suíxíng	follow
13.	序幕	xùmù	prologue
14.	传播	chuánbō	spread
15.	密不可分	mì bù kě fēn	close; tight
16.	遥远	yáoyuǎn	remote
17.	陌生	mòshēng	strange
18.	探险家	tànxiǎnjiā	explorer
19.	广义	guǎngyì	broad sense
20.	狭义	xiáyì	narrow sense
21.	探索	tànsuǒ	explore
22.	支线	zhīxiàn	branch line
23.	干线	gànxiàn	main line
24.	边缘	biānyuán	border; edge
25.	跨越	kuàyuè	span; leap over
26.	石窟	shíkū	grotto; rock cave
27.	开明	kāimíng	enlightened; liberal
28.	活跃	huóyuè	active; lively
29.	中介	zhōngjiè	medium

162

专有名词

1.	大月氏	Dàyuèzhī	Dayuezhi
2.	乌孙国	Wūsūnguó	Wusun State
3.	大宛	Dàwǎn	Dawan
4.	康居	Kāngjū	Kangju
5.	大夏	Dàxià	Daxia
6.	安息	Ānxī	Anxi
7.	条支	Tiáozhī	Tiaozhi
8.	奄蔡	Yǎncài	Yancai
9.	身毒	Shēndú	Shendu
10.	于阗	Yútián	Yutian
11.	于弥	Yúmí	Yumi
12.	甘肃	Gānsù	Gansu Province
13.	敦煌	Dūnhuáng	Dunhuang
14.	葱岭	Cōnglǐng	the Congling
15.	帕米尔高原	Pàmǐ'ěr Gāoyuán	the Pamir Highland
16.	喀喇昆仑山	Kālākūnlún Shān	the Karakorum Mountains
17.	河西走廊	Héxī Zǒuláng	the Corridor of the West Yellow River
18.	塔克拉玛干沙漠	Tǎkèlāmǎgān Shāmò	the Taklamakan Desert
19.	伊朗高原	Yīlǎng Gāoyuán	the Iranian Highland
20.	洛阳	Luòyáng	Luoyang
21.	武威郡	Wǔwēi Jùn	Wuwei District
22.	张掖郡	Zhāngyè Jùn	Zhangye District
23.	酒泉郡	Jiǔquán Jùn	Jiuquan District
24.	敦煌郡	Dūnhuáng Jùn	Dunhuang District
25.	新疆	Xīnjiāng	Xinjiang Autonomy Region
26.	柄灵寺	Bǐnglíng Sì	the Bingling Temple
27.	麦积山	Màijī Shān	the Maiji Mountains
28.	吐鲁番	Tǔlǔfān	Turpan
29.	波斯人	Bōsīrén	Persian

练 习

一

(一) 根据词义和搭配关系把左右两组词语用线连接起来

派出　　　　　　　新路
开拓　　　　　　　文化
侵害　　　　　　　序幕
侵害　　　　　　　序幕
招募　　　　　　　道路
拉开　　　　　　　百姓
传播　　　　　　　志愿者
探索　　　　　　　使臣

(二) 选词填空

1. 张骞的身份是汉朝的(　　)，所以受到西域各国的热情接待。
   A.使臣　　　　　　B.功臣

2. 中国的经济发展很快，很多外国公司想来中国(　　)市场。
   A.开展　　　　　　B.开拓

3. 那个地区很不安全，游客常常遭到(　　)。
   A.抢夺　　　　　　B.抢劫

4. 政府(　　)志愿者去帮助山区贫困的学生。
   A.招募　　　　　　B.招聘

5. 张骞第一次出使西域时，(　　)的人有一百多个。
   A.随行　　　　　　B.随员

6. 为了找到学习汉字的"捷径"，人们不断地(　　)。
   A.探望　　　　　　B.探索

7. 听说你学习汉字的方法不错，我是来向你(　　)的。
   A.取经　　　　　　B.中介

8. 他是通过(　　)公司来中国留学的。
   A.中间　　　　　　B.中介

9. 以前我从没有来过北京,所以对这里很(　　)。
   A.陌生　　　　　　B.生疏
10. 对我来说,去月球旅行是一个(　　)的梦想。
    A.遥远　　　　　　B.远远

二

(一) 根据课文内容判断正误

1. 张骞第一次出使西域是从今西安出发的。□
2. 汉武帝第一次派张骞带领使团出使大月氏是在公元138年。□
3. 张骞是中国历史上由官方派往西域访问的第一人。□
4. 汉武帝派张骞出使的目的是想联合大月氏抗击匈奴的侵害。□
5. 当时,从长安去大月氏不用经过匈奴,所以没有危险。□
6. 张骞是自愿报名当使者的。□
7. 张骞第一次出使西域一共花了十年的时间。□
8. 张骞第一次出使带了一百多人,但回来时只剩下他和翻译。□
9. 张骞第一次出使没有成功,因为他没有找到大月氏。□
10. 张骞第二次出使是在公元前116年,与第一次相隔了二十二年。□
11. 张骞第二次出使完成了使命,他使汉朝跟西域许多国家都建立了友好关系。□
12. 丝绸之路就是由张骞出使西域各国而开辟出来的一条国际交流通道。□

(二) 根据对话内容判断正误

1. 广义的"西域"包括亚洲中西部、印度半岛、欧洲东部和非洲北部。□
2. 自汉朝开通丝绸之路后,它的干线越来越长,支线越来越多。□
3. 在汉代,丝绸之路东边的起点分别是西安和洛阳。□
4. 不论从哪里出发,河西走廊都是丝绸之路的必经之地。□
5. 丝绸之路只是一条用于丝绸贸易的道路。□
6. 沿丝绸之路有很多著名的佛教石窟,因为这条路也是佛教传播的重要通道。□

（三）根据课文和对话中的知识，选择合适的词语填在括号内

1. 张骞是（　　）时代的人，出使前是汉武帝宫中的侍从。
   A. 西汉　　　　　　　　　　B. 东汉

2. 张骞第一次出使大月氏是在（　　）138 年。
   A. 公元前　　　　　　　　　B. 公元

3. 张骞曾试着绕开匈奴从中国的（　　）去大月氏，但没有成功。
   A. 西南　　　　　　　　　　B. 西北

4. 公元前 116 年，张骞第二次出使西域，他访问了许多国家，成功地完成了（　　）使命。
   A. 外交　　　　　　　　　　B. 商贸

5. 中国与中亚、西亚等各国的官方往来是从（　　）开始的。
   A. 汉代　　　　　　　　　　B. 唐代

6. 广义的西域是指（　　）以西的地区。
   A. 玉门关和阳关　　　　　　B. 印度

7. 丝绸之路有许多支线，但它们都必须经过（　　）。
   A. 河西走廊　　　　　　　　B. 西安

8. 沿丝绸之路有许多著名的石窟，其中影响最大的是（　　）。
   A. 大同石窟　　　　　　　　B. 敦煌莫高窟

9. 丝绸之路在（　　）最繁荣。
   A. 汉代　　　　　　　　　　B. 唐代

10. 在历史上，丝绸之路是一条国际性的（　　）交流的通道。
    A. 物质文明和精神文明　　　B. 商贸

（四）根据课文和对话内容回答问题

1. 张骞一共几次出使西域？每次都成功了吗？
2. 在出使西域的过程中，张骞遇到了哪些困难？
3. 张骞为什么要冒着生命危险去西域呢？
4. 张骞和他的外交使团都访问过哪些国家？
5. 张骞终于完成了外交使命，他最了不起的贡献是什么？
6. 丝绸之路是怎样开辟出来的？
7. 在历史上，丝绸之路有什么重要作用？

(一) 讨论
1. 有人说张骞是一位成功的外交家,也有人说他是一位地理探险家,你的看法呢?
2. 张骞出使西域才开通了这条路,可是它为什么却叫丝绸之路呢?
3. 丝绸之路对我们现代人的生活有影响吗?请举例说明。

(二) 实践
1. 请根据课文、对话和你自己查找的资料,在地图上画出丝绸之路的干线图,并找出这条干线上有名的地方。
2. 假如我们现在沿丝绸之路徒步旅行,怎样走才能花相对比较少的时间而参观比较多的地方?

 补充阅读

张骞出使西域

公元前 138 年,张骞受汉武帝的派遣带着翻译堂邑父等出使大月氏国,大月氏在匈奴的西边。当时,通往西域的路被匈奴控制着,所以,汉朝的使团刚一出陇西就被匈奴抓住了。几年之后,张骞和堂邑父逃出匈奴,骑着马继续往西走。一路上都是沙漠和草原,没有人家,也找不到食物,只能靠射些飞鸟或其他动物来充饥。他们一连走了几十

历 史 人 文

天,终于走到了一个热闹的地方,开始以为是到了大月氏国,后来一打听,才知道是大宛国,大月氏还在大宛、康居两国的西边。大宛国的国王早就听说过汉朝是一个很富的大国,所以对汉朝的使者很友好,还派骑兵和翻译送张骞去邻国康居,再请康居国王派人送张骞去大月氏。

离开长安的时候,张骞还是小伙子,等他回到长安的时候,却已经是中年人了。这次出使虽然没有能够说服大月氏与汉朝一起打击匈奴,但是他的出访却开辟了通往西域各国的道路,开启了与西域各民族友好交往的大门。人们永远不会忘记他的历史功绩。

第十七课　中国功夫

> 你知道什么是太极拳吗？
>
> 你对中国功夫有什么印象？

课　文

太　极　真　谛

　　我开始练太极拳时，完全是"纸上谈兵"。有时间的时候，就对着卧室墙上的动作图练几下。可是练了半年，已经快没了兴趣。正在这时，我遇到了一位懂得太极真谛的青年。他看过我练的拳后，笑着说："您这样打拳只不过是做操，没有领会太极拳的真谛。"我连忙向他请教，他才给我讲了许多太极拳的真谛。我印象最深的是：一、太极拳的步法最重要，讲究"迈步如猫行"，抬起的脚要虚，探准了才可

以踏实,同时重心要迅速移过去,另一脚再变为虚。二、必须懂得每一式的攻防意义,不然很难掌握发力的要领,动作也很难到位。三、太极拳也是气功,不但要"气沉丹田",而且要"意在气先","以气引力","用意"、"引气"、"发力"要按正确方法来做,连贯统一。他领我做完了每一式,使我对太极拳有了新的理解。

我起初认为自己练拳只为健身,没必要考虑什么"攻防意义",但真正按动作的攻防要领练了几次,才明白只有这样练习才能集中注意力。后来,我按要领练了一段时间后,感到全身的气血都随着意念向手足投出的方向涌动,呼吸也自然地随着动作的开合,变得舒缓而深长,身体的感觉舒服极了。

原来,太极拳的确不简单。

(根据2002年3月26日《天津老年时报》厉曾礼同名文章改写)

  托马斯 刘文涛 金元智

托马斯:昨天我看了一部武打片,叫《卧虎藏龙》,里边的中国功夫真棒!尤其是在竹林间飞舞对打的那一段,我觉得最精彩。

刘文涛:那都是艺术夸张。谁能真的在天上飞、在竹林间跳来跳去啊?

金元智:那什么是真正的中国功夫呢?

刘文涛:中国功夫主要分两大类,一种是徒手的拳术,一种是器械术。它们都来源于古人的自卫。你想啊,遇到野兽时,人们得快速逃脱或者躲藏,来不及了就用得手抓、用拳打、用脚踢,这就是初步的武术。后来到了一些庆典的时候,很多人喜欢模仿那些自卫的动作进行表演,慢慢地形成了一些基本的套路。

托马斯:武术是怎么发展起来的呢?我想是为了健身吧?

刘文涛:不,以前的统治者是把它当做治国的重要措施来推广的。特别是春秋战国时期,各诸侯国为了夺取霸业,都大力提倡推广各种武术。到了宋代,武术才向民间发展,出现了许多以练武卖艺为生的组织。

金元智：那少林武功是什么时候出现的呢？我的一个朋友正在学少林拳，他还想去少林寺看看呢。

刘文涛：少林寺在河南省的嵩山上，建于公元495年。隋朝末年，天下大乱，少林寺和尚为了保卫寺庙的安全，苦练武功。在李世民的对敌战争中，少林和尚曾经参加作战，立了大功，从此闻名天下。

托马斯：除了少林武功以外，还有哪些功夫呢？

刘文涛：我们还是从先从拳术说起吧。拳术包括长拳、太极拳、南拳、形意拳、八卦拳等。你说的少林拳就是长拳的一种，它讲究"动如风，静如松，重如泰山，轻如猫行，外貌刚健，内心清净"。

金元智：真有意思，怪不得我的朋友那么着迷。不过，我发现中国人更爱打太极拳。在公园里，我经常看到一些人在打太极拳，动作十分优美。不过我想那只是适合老年人的运动，因为他们打得那么慢，一点儿也不累。

刘文涛：不累？你去试试，认真地打一套下来，不出一身汗才怪呢。太极拳讲究静心用意，呼吸自然，动作连贯，一套打下来，是很不容易的。

托马斯：太极拳也有什么讲究吧？

刘文涛：打太极拳要"先在心，后在身"，就是说首先要心静，所以可以锻炼人的性格。另外，由于它要求用腹部呼吸，加大了呼吸的深度，所以对健身防病也有很多的好处。你看到很多老人在打太极拳，因此才给了你只有老人才适合打太极拳的错觉。

托马斯：原来是这样。对了，你刚才说中国武术除了拳术还有器械术？

刘文涛：对。器械主要有刀、枪、剑、棍、鞭等十八种，各有各的特点。有一些特别形象的比喻，比方说"刀如猛虎"、"枪如游龙"什么的。在这十八种器械中，剑是比较特别的一种，在

电影里你们一定见到过。
金元智：我见过，我觉得舞剑的动作很帅。
刘文涛：舞剑讲究动与静、快与慢、虚与实、攻与守、呼与吸等的关系，所以看起来刚柔兼济，优美飘逸。
托马斯：如果我要学武术，真的不知道从哪儿学起。
刘文涛：专家说，不管哪一种，都要从最基本的动作学起。咱们学校有武术班，如果你感兴趣的话，可以报名参加，我想一定不会让你失望。

词　语

1.	功夫	gōngfu	Gongfu
2.	真谛	zhēndì	ture meaning
3.	领会	lǐnghuì	understand
4.	步法	bùfǎ	footwork
5.	迈	mài	step
6.	虚	xū	not real
7.	踏	tà	step on
8.	实	shí	real
9.	重心	zhòngxīn	center of gravity
10.	迅速	xùnsù	rapid
11.	式	shì	type
12.	攻防	gōngfáng	attack and defense
13.	掌握	zhǎngwò	master
14.	要领	yàolǐng	essential points
15.	到位	dàowèi	be accurately positioned
16.	气沉丹田	qì chén dāntián	deep breath to diaphragm
17.	连贯	liánguàn	coherent
18.	意(念)	yì(niàn)	idea
19.	涌动	yǒngdòng	gush

20.	舒缓	shūhuǎn	in no hurry; slowly
21.	夸张	kuāzhāng	exaggerate
22.	徒手	túshǒu	unarmed
23.	器械	qìxiè	weaponry
24.	自卫	zìwèi	self-defense
25.	野兽	yěshòu	beast
26.	逃脱	táotuō	escape
27.	躲藏	duǒcáng	hide oneself
28.	庆典	qìngdiǎn	celebration
29.	套路	tàolù	a series of skills and tricks
30.	措施	cuòshī	measures
31.	夺取	duóqǔ	seize; capture
32.	霸业	bàyè	supremacy
33.	提倡	tíchàng	advocate
34.	卖艺	mài yì	make a living as a performer
35.	保卫	bǎowèi	defend; safeguard
36.	立功	lì gōng	do a deed of merit
37.	外貌	wàimào	looks; appearance
38.	刚健	gāngjiàn	strong and healthy
39.	着迷	zháo mí	be fascinated; be captivated
40.	腹部	fùbù	belly; abdomen
41.	错觉	cuòjué	illusion
42.	剑	jiàn	sword
43.	棍	gùn	rod; stick
44.	鞭	biān	whip
45.	猛(虎)	měng(hǔ)	fierce tiger
46.	刚柔兼济	gāng róu jiān jì	couple hardness with softness
47.	飘逸	piāoyì	elegant; graceful
48.	失望	shīwàng	disappointed

专有名词

1. 《卧虎藏龙》　　Wò Hǔ Cáng Lóng　　*Crouching Tigers Hidden Dragons*
2. 隋朝　　　　　　Suí Cháo　　　　　　Sui Dynasty
3. 长拳　　　　　　Chángquán　　　　　the Changquan Boxing
4. 南拳　　　　　　Nánquán　　　　　　the Southern Style Boxing
5. 形意拳　　　　　Xíngyìquán　　　　　the Form-and-will Boxing
6. 八卦拳　　　　　Bāguàquán　　　　　the Eight-diagram Boxing

 练习

（一）填空并说明含义
1. 刚柔兼（　）
2. 纸上（　）兵
3. 卧虎（　）龙
4. （　）沉丹田
5. （　）在气先

（二）将左右两栏意思相反的词用线连起来

动　　　　　　慢
快　　　　　　吸
刚　　　　　　静
虚　　　　　　柔
攻　　　　　　实
呼　　　　　　守

（三）选择合适的词语与下列名词搭配
精彩　刚健　自然　优美　清净
动作（　）　呼吸（　）　外貌（　）　内心（　）　表演（　）

（四）**填上合适的动词**

____操　　____拳　　____力　　____中心　　____注意力　　____真谛

（五）**造句**

1. 着迷
2. 错觉
3. 迅速
4. 掌握
5. 失望

二

（一）**根据课文内容回答问题**

1. 为什么说"我"练习太极拳是"纸上谈兵"？
2. 太极拳的真谛是什么？
3. 为什么打太极拳要考虑攻防意义？

（二）**根据对话内容判断正误**

1. 武术是为了健身发展起来的。☐
2. 只有老年人才适合打太极拳。☐
3. 武术最早源于古人的自卫。☐
4. 中国武术分拳术和器械术两种。☐

（三）**根据对话内容回答问题**

1. 武术是怎么发展起来的？
2. 中国功夫分哪两大类？
3. 少林拳、太极拳和剑术分别讲究什么？
4. 为什么说打太极拳可以锻炼人的性格？
5. 为什么说打太极拳可以健身防病？

（四）**模仿下边的词语，说出其他比喻的说法**

刀如<u>猛虎</u>　　枪如<u>游龙</u>

动如____　　静如____　　重如____　　轻如____

 体 育 娱 乐

三

(一) 讨论

1. 中国功夫给你印象最深的是什么？
2. 你觉得武术是否应该作为奥运会的项目？为什么？
3. 介绍一种你比较了解的技击性运动。

(二) 实践

1. 采访一下在公园里练功的人，请他们谈谈对武术的看法。
2. 看一部武打片(《卧虎藏龙》、《少林寺》、《太极张三丰》、《英雄》等)，谈谈你的感受。
3. 学打太极拳，然后谈谈自己的感受。

 补充阅读

今日少林生活

少林寺山门的匾额是清朝康熙帝亲手题写的。进了山门，就见古树参天，石碑林立。其中一棵银杏树已有1507年的历史，是少林寺最古老的银杏树。树干上有许多小坑，是少林寺的僧人练金刚一指禅和二指禅时留下的痕迹。在寺内有一口三人才能合抱的大铁锅，这是以前少林寺和尚炒菜用的最小的小炒锅，是明朝万历年间的，重达1300公斤。那时，他们这口锅的上方有一个横梁，炒菜时，和尚就来个倒挂金钩，拿着铁锹来回翻炒。倒挂金钩的这套本事还得是武功高强之人，所以说，在少林寺能进入厨房的都是高僧。

少林寺现在有文武僧人二百余人。寺内的僧人不论文武都要每天五点起床,先去爬山(他们叫跑山),然后上早课、吃早饭。吃完早饭,武僧们就开始练武。中午十一点半吃午饭。平时,他们吃豆制品比较多,鸡蛋是他们能吃的最有营养的东西,但他们不喝牛奶。下午,武僧们要上数学、语文、英语、历史等文化课。有的武僧已学到大专水平,还有的武僧英语已能运用自如。武僧们平时每周可以看一次电视,也可以用电脑。有记者问他们听不听流行歌曲,他们说,我们的佛教音乐很好听,我们从小就过这种生活,习惯了。

　　下午五点,僧人们要做四十分钟的晚课。僧人无论老幼都十分虔诚。仪式结束,每人发一张用来记考勤的小黄纸条,无故缺课太多的,会被关几天禁闭。

　　(根据 2002 年 8 月 6 日《北京青年报》卢燕"几度兴衰少林寺"改写)

第十八课 赛龙舟

> 你知道赛龙舟这项运动是怎么来的吗?
>
> 端午节是怎么回事?
>
> 屈原是怎样一个人?

课 文

争先恐后赛龙舟

赛龙舟和吃粽子的习俗,都和龙的节日有关。农历的五月初五是龙的节日,古代江南水乡的民族信奉龙为图腾,每到这一天都要举行各种祭祀活动,形成了赛龙舟和吃粽子的习俗。这一天也叫端午节。

赛龙舟 第十八课

　　战国时代，楚国爱国诗人屈原不忍看到自己的国家灭亡，恰恰在五月初五这一天，投汨罗江自杀了。因为五月初五是端午节，原来固有的端午节赛龙舟和包粽子等有关龙的习俗，在意义上有了变化，赛龙舟象征大家争着去打捞屈原的遗体。传说如果用普通的船去打捞，水中的妖怪太多，不容易捞到，而龙是水中之王，用龙舟并在龙舟上敲锣打鼓，这样使水中的妖怪都纷纷逃走，就可以捞到屈原的遗体了。包粽子并向水里投粽子，是担心屈原的遗体会被水里的鱼虾吃掉，所以用粽子引开鱼虾。这样，端午节成了专门纪念屈原的节日。

　　端午节和屈原有这样多的联系，那屈原是怎么一个人呢？屈原是一位政治家和爱国诗人。在战国时代，曾有包括秦国、楚国、齐国等七个诸侯国并存的时期。那时候，秦国的国力越来越强大，图谋吞并其他六个国家。屈原看到这种情况后，向自己的国王楚怀王提出了政治主张，即任用有才能的人，富国强兵，联合齐国，组成两个国家的联盟，共同对付秦国。但是，楚国的王后南后和她儿子子兰及一些官员都反对屈原的正确意见，并且嫉妒楚怀王对屈原的信任和重用。于是，他们开始不断地向楚怀王说屈原不好，并过高地估计楚国的国力。楚怀王听信了这些话，忽视了对本国军队的训练和对秦国的警惕，不再信任屈原。楚国的国力越来越弱，和秦国军队交战时屡战屡败。终于有一天，楚怀王被秦始皇骗到了秦国，从此楚怀王再也没回到自己的国家，死在秦国的监狱里。不久，秦国的军队打到了楚国的都城。屈原听到这个消息后，怎么能不痛心呢？

　　屈原也是一位杰出的诗人。他的《离骚》、《九歌》、《九章》、《天问》等诗作，描绘了许多优美的神话故事，抒发了自己美好的理想，并表达了自己要为实现理想奋斗的决心，痛斥了那些卖国的可耻行为。屈原的爱国主义精神连同他的这些不朽诗作，得到了历代人民的景仰，也受到了世界人民的尊敬。

　　1952 年，世界和平大会把屈原列为世界四大文化名人之一来纪念。

 体 育 娱 乐

 对话   山本惠  刘文涛   托马斯

山本惠：端午节的时候，我和朋友一起观看了一次龙舟比赛。那一天非常热闹，岸上到处是彩旗和助威的观众，这是中国的传统习俗吗？

刘文涛：对。特别是在江南水乡，端午节赛龙舟就和足球、游泳比赛一样，只是一种体育比赛。

托马斯：我们国家也有划船比赛。

刘文涛：这样的划船比赛，中国也有，比如北大和清华的学生每年都有划船比赛。不过，赛龙舟的传统，除了竞技外，文化特点也很浓厚。

托马斯：赛龙舟的历史很长了吗？

刘文涛：对，已有两千多年的历史了。龙舟的造型极为优美，船头雕成龙头，船尾雕成龙尾形，船头、船尾高高翘起，好像一条巨龙钻出水面。

山本惠：为什么选择"龙"的外形呢？

刘文涛：在中国人的心目中，龙是充满神奇力量的吉祥神物，自古以来受到人们的尊崇。在民间活动中，龙是喜庆和幸福的象征，除了端午节赛龙舟外，逢年过节还要耍龙灯。

托马斯：龙的样子是怎么来的？

刘文涛：关于龙的说法很多，大体上有三种：一种认为，远古时期人们看到天上的闪电，觉得那神秘的力量中一定存在着一种实体，那就是龙；一种认为，龙的原型是鳄鱼，鳄鱼冬眠，初春苏醒，而且在大风雨来临前发出如雷的吼声，与古书上所说的龙的习性一样；还有一种认为，龙和古代的蛇图腾有关，在与几种动物图腾结合后，形成的具有多种动物特点的新图腾，就是龙。

托马斯：中国人说自己是"龙的传人"，原来龙的传说有这么长的历史了。

赛龙舟　第十八课

刘文涛：千百年来，人们尊崇龙，喜爱龙，甚至把龙看做中华民族品格和精神的象征。

托马斯：难怪人们把龙舟打扮的那么漂亮！

刘文涛：好的龙舟，要用一根整木雕刻而成，有的地方的龙舟的龙头，口能开合，舌能转动，好像是活的。一般龙舟要进行彩绘，有青龙舟、赤（红）龙舟、黄龙舟等。

托马斯：除了船不一样，比赛规则和一般的赛艇有什么区别吗？

刘文涛：一般赛手要穿上相同的有精美图案的衣服，不同船上的赛手的服装完全不同。比赛时，赛手的嘴里喊着"嗨、嗨"的号子。有的赛场，在船头上站着一个鼓手，用力有节奏地擂鼓，赛手随着鼓点一齐用力。

山本惠：赛龙舟一般是在白天吗？

刘文涛：是。赛龙舟除了关于龙的传说以外，还有一个说法，是为了纪念古代诗人屈原。

托马斯：屈原是很有名的诗人吗？

刘文涛：不仅有名，而且深受中国人民的爱戴。

托马斯：赛龙舟的历史这样长，屈原一定是中国古代的诗人了！

刘文涛：对。屈原是战国时代楚国人，大约生于公元前340年。他是一位热爱楚国、一生和小人做斗争的爱国诗人，为楚国做了很多好事。后来秦国的军队来到楚国，屈原因无力挽救自己的国家，在公元前278年端午节这一天，抱着石头投江自杀了。老百姓听说后，都划着船去打捞他的尸体，往水里扔粽子，使鱼虾有食物，不再吃诗人的尸体。这也是端午节赛龙舟、吃粽子的来历。

托马斯：吃粽子的历史这么长了吗？

刘文涛：对，不仅历史长，而且很有意义，对不对？

托马斯：对。不过，只有端午节的时候才能吃粽子吗？

刘文涛：古时候做粽子往水里扔是为了纪念屈原，以后逐渐演变成端午节吃粽子的习俗。今天人们不仅在端午节吃粽子，一年四季都可以吃粽子，粽子已成为日常食品了。

托马斯：太好了，我不必等到农历的五月初五了，今天我就到商店去买，我也要和中国人一样纪念爱国诗人屈原。

刘文涛：好哇！现在赛龙舟、吃粽子的意义，你们都明白了吧？

山本惠：是的，而且我还明白了刚才你为什么说在中国赛龙舟除了比赛以外，还有文化意义。

托马斯：我要现在去买一条龙，像古代的中国人一样，把它当成吉祥物摆放在宿舍里，让它给我也带来好运气。

山本惠：等一下，咱们一块儿去。

词　语

1.	争先恐后	zhēng xiān kǒng hòu	strive to be the first and fear lagging behind
2.	信奉	xìnfèng	believe in
3.	投（江）	tóu (jiāng)	throw oneself into (the river)
4.	固有	gùyǒu	inherent
5.	打捞	dǎlāo	dredge; salvage
6.	遗体	yítǐ	remains
7.	国力	guólì	national power
8.	图谋	túmóu	plot
9.	吞并	tūnbìng	annex
10.	主张	zhǔzhāng	viewpoint
11.	富国强兵	fù guó qiáng bīng	make a country rich and strong
12.	联盟	liánméng	alliance
13.	对付	duìfu	deal with
14.	嫉妒	jídù	be jealous
15.	信任	xìnrèn	trust
16.	重用	zhòngyòng	put sb. in an important position
17.	忽视	hūshì	ignore
18.	警惕	jǐngtì	on guard; keep an eye on

#	汉字	拼音	English
19.	屡	lǚ	many times
20.	痛心	tòngxīn	to grieve; be upset
21.	杰出	jiéchū	outstanding
22.	描绘	miáohuì	describe
23.	痛斥	tòngchì	bitterly denounce
24.	可耻	kěchǐ	shameful
25.	景仰	jǐngyǎng	esteem
26.	热闹	rènao	lively
27.	彩旗	cǎiqí	colorful flags
28.	助威	zhù wēi	cheer for
29.	竞技	jìng jì	athletics
30.	浓厚	nónghòu	strong; rich
31.	雕(成)	diāo(chéng)	carve
32.	钻	zuān	go through
33.	充满	chōngmǎn	fill with
34.	耍(龙灯)	shuǎ(lóngdēng)	perform (dragon lantern)
35.	远古	yuǎngǔ	ancient time
36.	神秘	shénmì	mysterious
37.	苏醒	sūxǐng	revive
38.	来临	láilín	come
39.	传说	chuánshuō	legend
40.	尊崇	zūnchóng	worship
41.	打扮	dǎban	dress up
42.	开合	kāihé	open and close
43.	转动	zhuàndòng	turn
44.	鼓手	gǔshǒu	drummer
45.	小人	xiǎorén	evil person; petty person

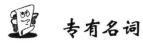

端午节　　Duānwǔ Jié　　the Dragon Boat Festival

一

(一) 在括号内填上适当的汉字

（　）国（　）兵　　争（　）恐（　）　　（　）征　　吞（　）　　（　）锣（　）鼓

(二) 解释词语

1．嫉妒
2．固有
3．国力
4．图谋
5．忽视

(三) 写出反义、近义或同义词

痛斥——　　忽视——　　可耻——　　图谋——
苏醒——　　浓厚——　　小人——　　热闹——

(四) 根据所给意思写出相应的词

1．用具体的事物表示某种特殊的意义。（　　　　）
2．对于如何行动持有某种见解。（　　　　）
3．对才能、名誉、地位或境遇等比自己好的人心怀怨恨。（　　　　）
4．相信而敢于托付。（　　　　）
5．使人摸不透的、高深莫测的。（　　　　）
6．使容貌和衣着好看。（　　　　）

二

（一）根据课文内容判断正误
1. 端午节是和吃月饼有关的节日。□
2. 农历的四月初五是端午节。□
3. 端午节也是纪念诗人屈原的节日。□
4. 在秦统一中国以前，楚、齐、秦是比较强大的三个国家。□
5. 楚怀王死在了楚国的监狱里。□

（二）选择正确答案
1. 赛龙舟、吃粽子是什么节的习俗？
   A. 重阳节　　　　　　B. 端午节
2. 秦统一中国以前，有几个国家并存？
   A. 六个　　　　　　　B. 七个
3. 屈原为什么投江自杀了？
   A. 楚国被秦国吞并了　B. 楚国被齐国吞并了
4. 屈原是怎样一个人？
   A. 爱国诗人　　　　　B. 一位将军
5. 《离骚》、《九歌》是谁的作品？
   A. 李白　　　　　　　B. 屈原

（三）根据对话回答问题
1. "龙的传人"是什么意思？
2. 中国人在什么节日赛龙舟、耍龙灯？
3. 龙的传说是怎样形成的？

三

（一）讨论
1. 比较一下中国的赛龙舟和赛艇。
2. 中国人为什么这样爱戴诗人屈原？介绍一位受你们国家人民爱戴的文学家。

 体 育 娱 乐

3. 你们国家最喜爱什么吉祥物？

(二) 实践
1. 自己动手包一次粽子或去商店买，亲自缅怀屈原。
2. 找机会观看一次中国传统的龙舟比赛。

 补充阅读

《白蛇传》与端午节

端午节除了赛龙舟、吃粽子以外，杭州人还有观看《白蛇传》和游雷峰塔的风俗。《白蛇传》是白娘子与许仙的爱情传说。白娘子是一条修炼多年的白蛇，成仙后与许仙结成恩爱夫妻，遭到法海的一再破坏。许仙听信了法海的话，在端午节强迫白娘子喝了雄黄酒，现了真形，吓死了许仙。白娘子被压在了雷峰塔下，杭州人同情白娘子，并为二人的爱情所感动，总是在端午节那天，扶老携幼，到雷峰塔一游，观赏雷峰塔的塔景，倾听寺僧讲述白娘子的故事。法海曾说，白蛇要想重获自由，除非塔倒了。有些人为了救白娘子，每次来都要挖一块塔砖回去。时间长了以后，有一天，即1924年9月25日下午，一声巨响，雷峰塔终于倒塌了。当时杭州人几乎倾城前去观看。

百姓们通过《白蛇传》故事，也更加相信端午节喝雄黄酒可以解蛇虫百脚"五毒"的说法，于是在端午节全家设宴时，大人们总要喝点儿雄黄酒。

附 录

中国历代纪元简表

名　　称	时　　间
旧石器时代	约170万年前—约1万年前
新石器时代	约1万年前—约公元前22世纪
夏代	约公元前22世纪末—约公元前17世纪初
商代	约公元前17世纪初—约公元前11世纪
周（西周、东周）	约公元前11世纪—公元前256年
秦代	公元前221年—公元前206年
汉代（西汉、东汉）	公元前206年—公元220年
三国（魏、蜀、吴）	公元220年—公元280年
晋代（西晋、东晋）	公元265年—公元420年
南北朝	公元420年—公元589年
隋代	公元581年—公元618年
唐代	公元618年—公元907年
五代	公元907年—公元960年
宋代（北宋、南宋）	公元960年—公元1279年
辽代	公元907年—公元1125年
金代	公元1115年—公元1234年
元代	公元1206年—公元1368年
明代	公元1368年—公元1644年
清代	公元1616年—公元1911年
中华民国	公元1912年—公元1949年
中华人民共和国	公元1949年—

词 汇 总 表

后边的第一个数字表示课文序号，第二个数字1表示课文，2表示对话。

A

哀思	āisī	9-2
爱不释手	ài bú shì shǒu	12-1
爱戴	àidài	1-1
爱意	àiyì	8-1
安居乐业	ān jū lè yè	15-1
昂贵	áng guì	12-1
奥秘	àomì	6-1

B

跋山涉水	bá shān shè shuǐ	8-1
把握	bǎwò	7-1
霸业	bàyè	17-2
霸主	bàzhǔ	7-1
白领	báilǐng	11-1
百吃不厌	bǎi chī bú yàn	1-2
百兽	bǎishòu	7-1
百姓	bǎixìng	5-2
拜	bài	14-1
颁布	bānbù	1-2
半途	bàntú	10-1
包含	bāohán	11-1
保健	bǎojiàn	1-2
保留	bǎoliú	5-2
保密	bǎo mì	10-2
保卫	bǎowèi	17-2
报名	bào míng	2-1
暴君	bàojūn	13-2

爆发	bàofā	3-2
悲伤	bēishāng	14-1
辈儿	bèir	10-1
崩溃	bēngkuì	14-2
蹦蹦跳跳	bèngbèng tiàotiào	10-1
比喻	bǐyù	7-1
彼此	bǐcǐ	15-1
笔直	bǐzhí	10-1
必需	bìxū	5-1
碧绿	bìlǜ	4-2
边疆	biānjiāng	15-1
边缘	biānyuán	16-2
编	biān	13-2
编结	biānjié	11-2
编织	biānzhī	11-2
鞭	biān	17-2
变革	biàngé	14-2
变迁	biànqiān	13-2
遍及	biànjí	1-2
辨认	biànrèn	15-2
辩论	biànlùn	15-1
表现力	biǎoxiànlì	7-2
表意	biǎoyì	6-2
兵器	bīngqì	9-1
玻璃	bōli	4-2
菠萝	bōluó	11-1
脖子	bózi	2-1
博学多才	bó xué duō cái	14-2
不计前嫌	bú jì qián xián	15-2

188

不见不散	bú jiàn bú sàn	10-2
不胜枚举	bú shèng méi jǔ	3-1
不算	búsuàn	9-2
不至于	búzhìyú	10-1
布局	bùjú	10-2
布衣	bùyī	4-1
步法	bùfǎ	17-1
部件	bùjiàn	6-2

C

才智过人	cái zhì guò rén	15-2
采纳	cǎinà	15-1
彩旗	cǎiqí	18-2
菜肴	càiyáo	1-2
餐	cān	1-2
残酷	cánkù	14-1
层次	céngcì	12-2
曾	céng	2-2
差别	chābié	5-1
茶具	chájù	4-2
柴	chái	4-2
婵娟	chánjuān	3-1
尝试	chángshì	1-2
超标	chāobiāo	1-2
朝廷	cháotíng	1-1
潮流	cháoliú	1-2
尘	chén	4-2
成(盒)	chéng(hé)	3-2
成熟	chéngshú	3-2
乘凉	chéng liáng	8-1
持续	chíxù	14-2
耻辱	chǐrǔ	7-1
充分	chōngfèn	7-1
充满	chōngmǎn	18-2
仇敌	chóudí	16-1
出处	chūchù	7-2

出神入化	chū shén rù huà	12-2
出现	chūxiàn	5-1
厨师	chúshī	1-1
穿戴	chuāndài	15-1
传播	chuánbō	16-1
传承	chuánchéng	12-1
传递	chuándì	8-2
传说	chuánshuō	18-2
传诵	chuánsòng	8-1
传统	chuántǒng	3-2
传扬	chuányáng	15-1
窗花	chuānghuā	11-2
创立	chuànglì	14-2
创始人	chuàngshǐrén	14-2
创造	chuàngzào	7-2
吹捧	chuīpěng	8-2
垂	chuí	11-1
绰绰有余	chuòchuò yǒu yú	8-2
词根	cígēn	6-1
词缀	cízhuì	6-1
次序	cìxù	14-2
刺绣	cìxiù	11-2
凑	còu	15-1
促进	cùjìn	5-2
存在	cúnzài	5-2
措施	cuòshī	17-2
错觉	cuòjué	17-2

D

搭配	dāpèi	6-2
打扮	dǎban	18-2
打交道	dǎ jiāodào	12-2
打捞	dǎlāo	18-1
打算	dǎsuan	15-1
大臣	dàchén	1-1
大殿	dàdiàn	4-1

大规模	dà guīmó	5-2
大名鼎鼎	dàmíng dǐngdǐng	14-2
代表	dàibiǎo	2-2
单薄	dānbó	1-2
单调	dāndiào	6-1
当之无愧	dāng zhī wú kuì	15-2
导游	dǎoyóu	8-2
倒霉	dǎoméi	2-2
到位	dàowèi	17-1
盗	dào	9-1
道歉	dào qiàn	4-1
得力	délì	15-2
等号	děnghào	5-2
低贱	dījiàn	14-2
的确	díquè	2-2
嘀咕	dígu	10-1
地位	dìwèi	9-2
典范	diǎnfàn	5-2
典礼	diǎnlǐ	14-2
典章	diǎnzhāng	14-2
雕（成）	diāo(chéng)	18-2
雕版印刷	diāobǎn yìnshuā	6-2
雕刻	diāokè	12-2
雕塑	diāosù	9-1
丁字口	dīngzìkǒu	10-1
独到	dúdào	15-2
独特	dútè	3-1
独一无二	dú yī wú èr	12-2
度量衡	dùliánghéng	13-2
端正	duānzhèng	15-1
断裂	duànliè	12-2
对称	duìchèn	10-2
对付	duìfu	18-1
对号入座	duì hào rù zuò	6-1
对联	duìlián	4-1
夺取	duóqǔ	17-2
躲藏	duǒcáng	17-2

F

发达	fādá	13-2
发愤图强	fā fèn tú qiáng	7-1
发配	fāpèi	1-1
发源地	fāyuándì	1-2
烦恼	fánnǎo	11-2
繁多	fánduō	1-2
繁华	fánhuá	10-2
繁荣	fánróng	15-1
范围	fànwéi	5-2
方式	fāngshì	2-2
方位	fāngwèi	10-1
方丈	fāngzhàng	4-1
防御	fángyù	8-2
仿佛	fǎngfú	6-2
仿照	fǎngzhào	6-1
分布	fēnbù	5-2
分清	fēn qīng	10-1
坟	fén	9-2
坟墓	fénmù	9-1
丰厚	fēnghòu	15-1
风俗	fēngsú	3-1
风土人情	fēngtǔ rénqíng	15-2
风味	fēngwèi	3-1
风行	fēngxíng	1-1
风筝	fēngzheng	11-2
妇孺皆知	fù rú jiē zhī	3-1
富国强兵	fù guó qiáng bīng	18-1
富国强民	fù guó qiáng mín	5-2
富有	fùyǒu	1-2
腹部	fùbù	17-2

G

| 赶上 | gǎnshàng | 2-1 |

190

敢于	gǎnyú	15–2
感情色彩	gǎnqíng sècǎi	7–2
感染力	gǎnrǎnlì	7–2
感受	gǎnshòu	9–2
干线	gànxiàn	16–2
刚健	gāngjiàn	17–2
刚柔兼济	gāng róu jiān jì	17–2
刚直	gāngzhí	14–2
高档	gāodàng	1–2
高尚	gāoshàng	14–2
高耸	gāosǒng	10–1
告辞	gàocí	4–1
告诫	gàojiè	7–1
更改	gēnggǎi	8–1
工夫不负有心人	gōngfu bú fù yǒuxīnrén	6–1
工匠	gōngjiàng	9–1
工具书	gōngjùshū	7–2
工序	gōngxù	12–2
工整对称	gōngzhěng duìchèn	6–2
公推	gōngtuī	1–1
功臣	gōngchén	16–1
功德无量	gōng dé wú liàng	6–1
功夫	gōngfu	17–1
功效	gōngxiào	12–1
攻防	gōngfáng	17–1
供应	gōngyìng	1–1
宫殿	gōngdiàn	13–2
宫廷	gōngtíng	1–2
拱手	gǒng shǒu	4–1
沟通	gōutōng	5–1
估量	gūliàng	12–1
孤孤单单	gū gū dāndān	13–1
辜负	gūfù	3–1
古怪	gǔguài	2–1
古朴	gǔpǔ	12–2

古雅	gǔyǎ	12–1
鼓励	gǔlì	7–1
鼓手	gǔshǒu	18–2
固定	gùdìng	7–2
固有	gùyǒu	18–1
关心	guānxīn	9–2
关注	guānzhù	9–1
观察	guānchá	7–1
官场	guānchǎng	5–2
官职	guānzhí	1–1
贯穿	guànchuān	10–2
广博	guǎngbó	1–2
广阔	guǎngkuò	13–1
广义	guǎngyì	16–2
规范	guīfàn	5–2
鬼神动容	guǐ shén dòng róng	8–1
贵族	guìzú	14–2
棍	gùn	17–2
国力	guólì	18–1
过瘾	guòyǐn	1–2

H

海量	hǎiliàng	4–2
鼾声	hānshēng	13–1
寒（寺）	hán(sì)	4–1
罕见	hǎnjiàn	5–2
旱灾	hànzāi	1–1
毫无保留	háo wú bǎoliú	15–1
豪放	háofàng	4–2
浩大	hàodà	8–2
合计	héjì	8–1
赫然	hèrán	8–1
恨不得	hènbude	1–1
轰动	hōngdòng	9–1
轰隆	hōnglōng	8–1
红酥酥	hóngsūsū	1–1

后世	hòushì	14-2
忽视	hūshì	18-1
狐假虎威	hú jiǎ hǔ wēi	7-1
狐狸	húli	7-1
葫芦	húlu	8-1
蝴蝶	húdié	11-2
护送	hùsòng	15-1
花费	huāfèi	8-2
花纹	huāwén	12-2
花样翻新	huāyàng fān xīn	1-2
画框	huàkuàng	6-2
晃	huǎng	8-1
辉煌	huīhuáng	13-2
汇集	huìjí	14-2
汇流	huìliú	13-1
绘画	huìhuà	12-1
晦气	huìqì	11-2
混沌	húndùn	13-1
活跃	huóyuè	16-2
火把	huǒbǎ	9-1

J

机会	jīhuì	3-2
基本	jīběn	5-1
吉祥	jíxiáng	2-2
嫉妒	jídù	18-1
记忆	jìyì	2-1
记载	jìzǎi	7-2
纪年	jìnián	2-2
系	jì	2-2
技能	jìnéng	5-1
继承	jìchéng	15-1
寄托	jìtuō	9-2
祭月	jì yuè	3-1
加工	jiāgōng	4-2
夹	jiā	3-1

佳节	jiājié	3-1
佳品	jiāpǐn	11-1
嫁	jià	15-1
坚持	jiānchí	15-2
坚硬	jiānyìng	12-2
艰苦奋斗	jiānkǔ fèndòu	7-1
剪纸	jiǎnzhǐ	11-2
见识	jiànshi	15-2
剑	jiàn	17-2
讲究	jiǎngjiu	3-1
讲学	jiǎng xué	14-1
降	jiàng	13-1
酱	jiàng	4-2
交流	jiāoliú	5-1
叫法	jiàofǎ	9-2
教导	jiàodǎo	14-1
教训	jiàoxùn	7-1
接收	jiēshōu	5-2
节假日	jiéjiàrì	6-1
节令	jiélìng	3-1
杰出	jiéchū	18-1
结	jié	11-1
结构	jiégòu	5-2
结晶	jiéjīng	8-2
结亲	jié qīn	15-1
捷径	jiéjìng	6-1
解除	jiěchú	1-1
金属	jīnshǔ	11-2
尽快	jǐnkuài	10-2
经得起	jīngdeqǐ	12-2
经典	jīngdiǎn	14-1
经营	jīngyíng	12-2
精华	jīnghuá	14-2
精美	jīngměi	3-1
精品	jīngpǐn	11-2
精巧	jīngqiǎo	12-1

精心	jīngxīn	10-2
景仰	jǐngyǎng	18-1
警惕	jǐngtì	18-1
竞技	jìngjì	18-2
敬(茶)	jìng(chá)	4-1
境界	jìngjiè	12-2
久闻大名	jiǔ wén dà míng	4-1
举(头)	jǔ(tóu)	3-1
巨斧	jùfǔ	13-1
具体	jùtǐ	4-2
具有	jùyǒu	11-2
剧烈	jùliè	14-2
据说	jùshuō	2-2
诀窍	juéqiào	10-2
绝望	juéwàng	8-1
军阵	jūnzhèn	9-2
君王	jūnwáng	14-1
均匀	jūnyún	10-2
郡	jùn	13-2

K

开端	kāiduān	13-2
开合	kāihé	18-2
开明	kāimíng	16-2
开拓	kāituò	16-1
楷模	kǎimó	13-2
考察	kǎochá	9-1
靠	kào	5-1
可耻	kěchǐ	18-1
可怜	kělián	7-1
可巧	kěqiǎo	10-1
刻苦自励	kèkǔ zìlì	7-1
空前	kōngqián	15-1
孔	kǒng	15-2
口岸	kǒu'àn	8-2
枯	kū	12-1

哭泣	kūqì	13-1
苦工	kǔgōng	7-1
夸张	kuāzhāng	17-2
跨越	kuàyuè	16-2
狂(骑车)	kuáng(qí chē)	10-1
况且	kuàngqiě	10-1
扩充	kuòchōng	15-1
扩展	kuòzhǎn	10-2

L

蜡染	làrǎn	11-2
来历	láilì	6-2
来临	láilín	18-2
来源	láiyuán	7-2
浪漫	làngmàn	3-2
老鼠	lǎoshǔ	2-1
礼尚往来	lǐ shàng wǎng lái	3-2
礼仪	lǐyí	14-2
理所当然	lǐ suǒ dāng rán	8-2
历法	lìfǎ	2-2
立功	lì gōng	17-2
立即	lìjí	9-2
立刻	lìkè	9-1
俩	liǎ	9-2
连贯	liánguàn	17-1
连忙	liánmáng	4-1
怜惜	liánxī	8-1
莲花	liánhuā	11-1
联盟	liánméng	18-1
联系	liánxì	4-2
联想	liánxiǎng	3-1
凉爽	liángshuǎng	1-2
瞭望	liàowàng	8-2
邻居	línjū	2-1
林立	línlì	10-1
陵墓	língmù	9-2

193

领会	lǐnghuì	17-1
流传	liúchuán	3-1
流派	liúpài	14-2
流行	liúxíng	1-2
隆隆	lónglóng	13-1
屡	lǚ	18-1
轮到	lúndào	10-1
论述	lùnshù	6-1

M

埋	mái	9-1
迈	mài	17-1
卖艺	mài yì	17-2
玫瑰	méiguī	11-1
美味	měiwèi	3-2
美誉	měiyù	12-1
猛(虎)	měng(hǔ)	17-2
迷信	míxìn	2-2
谜语	míyǔ	2-2
密	mì	11-2
密不可分	mì bù kě fēn	16-1
密切	mìqiè	4-2
免	miǎn	1-2
勉强	miǎnqiǎng	4-2
面貌	miànmào	9-1
描绘	miáohuì	18-1
民间	mínjiān	2-2
名不虚传	míng bù xū chuán	1-2
名称	míngchēng	2-1
名单	míngdān	1-1
名胜古迹	míngshèng gǔjì	9-1
明君	míngjūn	15-1
明朗	mínglǎng	10-2
明确	míngquè	5-2
明显	míngxiǎn	3-2
明珠	míngzhū	15-2
命名	mìng míng	2-1
模仿	mófǎng	6-1
陌生	mòshēng	16-2
谋臣	móuchén	15-2
墓	mù	9-2

N

南腔北调	nán qiāng běi diào	5-1
泥人	nírén	11-2
年份	niánfèn	2-2
捏	niē	13-1
凝练	níngliàn	7-2
浓	nóng	11-2
浓厚	nónghòu	18-2
浓郁	nóngyù	1-2

O

偶尔	ǒu'ěr	10-1

P

盼	pàn	8-1
培养	péiyǎng	14-1
佩服	pèifú	8-2
配	pèi	2-1
配套	pèitào	12-1
喷	pēn	13-1
劈	pī	13-1
匹	pǐ	15-2
偏	piān	10-1
偏激	piānjī	14-2
偏旁	piānpáng	6-2
偏向	piānxiàng	1-2
偏远	piānyuǎn	5-1
飘	piāo	11-2
飘逸	piāoyì	17-2
拼合	pīnhé	6-2

品尝	pǐncháng	1-2
品貌出众	pǐn mào chū zhòng	8-1
平添	píngtiān	11-1
破坏	pòhuài	4-2
普遍	pǔbiàn	3-1
普及	pǔjí	5-2
谱系	pǔxì	6-1

Q

沏茶	qīchá	4-2
欺压	qīyā	7-1
漆器	qīqì	11-2
奇迹	qíjì	9-1
启发	qǐfā	6-1
起码	qǐmǎ	10-1
起义	qǐyì	3-1
气沉丹田	qì chén dāntián	17-1
气氛	qìfēn	4-2
气势雄伟	qìshì xióngwěi	13-1
器械	qìxiè	17-2
恰到好处	qià dào hǎochù	14-2
千难万险	qiān nán wàn xiǎn	8-1
千辛万苦	qiān xīn wàn kǔ	16-1
前提	qiántí	1-2
抢劫	qiǎngjié	16-1
巧	qiǎo	11-2
侵犯	qīnfàn	8-2
侵害	qīnhài	16-1
青铜器	qīngtóngqì	13-2
轻松	qīngsōng	2-1
清净	qīngjìng	4-2
清亮	qīngliàng	4-2
清晰	qīngxī	12-2
情报	qíngbào	8-2
情侣	qínglǚ	11-1
晴朗	qínglǎng	13-1
请教	qǐngjiào	9-2
庆典	qìngdiǎn	17-2
区别	qūbié	9-2
取而代之	qǔ ér dài zhī	10-1
取经	qǔ jīng	15-2
取消	qǔxiāo	15-1
去世	qùshì	14-1
全力	quánlì	14-1
劝（酒）	quàn(jiǔ)	4-2
确定	quèdìng	5-2
确切	quèqiè	12-2
群峰壁立	qún fēng bì lì	13-1

R

然而	rán'ér	5-1
惹人喜爱	rě rén xǐ ài	11-1
热烈	rèliè	4-2
热闹	rènao	18-2
人文景观	rénwén jǐngguān	8-2
仁	rén	14-1
仍	réng	5-1
日新月异	rì xīn yuè yì	10-2
柔	róu	12-1
柔韧性	róurènxìng	12-2
如同	rútóng	9-2
儒学	rúxué	13-2
润	rùn	12-1

S

散文	sǎnwén	7-2
散装	sǎnzhuāng	3-2
色彩	sècǎi	11-2
山脊	shānjǐ	8-2
山坡	shānpō	2-1
扇	shàn	11-2
善	shàn	4-2

赏	shǎng	3-1
上品	shàngpǐn	12-2
烧毁	shāohuǐ	9-1
稍息	shàoxī	9-2
射箭	shè jiàn	8-2
摄氏	shèshì	4-2
深刻	shēnkè	7-2
神秘	shénmì	18-2
神奇	shénqí	11-2
神态	shéntài	11-2
生动	shēngdòng	7-2
生命力	shēngmìnglì	12-1
生肖	shēngxiào	2-2
声符	shēngfú	6-2
圣旨	shèngzhǐ	1-1
盛行	shèngxíng	3-1
尸体	shītǐ	8-1
失敬	shī jìng	4-1
失望	shīwàng	17-2
诗歌	shīgē	14-1
石窟	shíkū	16-2
时辰	shíchen	2-1
时尚	shíshàng	1-2
实	shí	17-1
使臣	shǐchén	15-1
使节	shǐjié	15-2
氏族	shìzú	6-1
世纪	shìjì	9-2
式	shì	17-1
事半功倍	shì bàn gōng bèi	6-1
侍从	shìcóng	16-1
适合	shìhé	2-2
收藏	shōucáng	12-2
收获	shōuhuò	3-2
收录	shōulù	6-2
首相	shǒuxiàng	2-2

书法	shūfǎ	12-1
书籍	shūjí	6-2
书生	shūshēng	8-1
疏浚	shūjùn	1-1
舒缓	shūhuǎn	17-1
熟人	shúrén	5-1
熟悉	shúxī	7-1
属相	shǔxiang	2-2
数量众多	shùliàng zhòngduō	9-1
耍（龙灯）	shuǎ（lóngdēng）	18-2
水灾	shuǐzāi	1-1
睡懒觉	shuì lǎnjiào	2-1
顺序	shùnxù	2-2
思考	sīkǎo	6-1
思念	sīniàn	8-1
四季	sìjì	3-2
寺庙	sìmiào	4-1
苏醒	sūxǐng	18-2
肃然起敬	sù rán qǐ jìng	9-1
随同	suítóng	9-2
随行	suíxíng	16-1
随着	suízhe	12-1
岁月	suìyuè	12-1
穗子	suìzi	11-1
所剩无几	suǒ shèng wú jǐ	10-1

T

踏	tà	17-1
太学	tàixué	13-2
谈论	tánlùn	14-1
弹性	tánxìng	12-2
叹息	tànxī	13-1
探索	tànsuǒ	16-2
探险家	tànxiǎnjiā	16-2
趟	tàng	7-1
逃命	táo mìng	7-1

逃生	táo shēng	8-1	土语	tǔyǔ	5-2
逃脱	táotuō	17-2	吐	tǔ	4-2
陶瓷	táocí	11-2	团聚	tuánjù	3-2
陶俑	táoyǒng	9-1	团圆	tuányuán	3-2
陶醉	táozuì	12-2	推崇	tuīchóng	14-2
套路	tàolù	17-2	推广	tuīguǎng	5-1
特点	tèdiǎn	2-2	推行	tuīxíng	5-1
特权	tèquán	14-2	吞并	tūnbìng	18-1
特色	tèsè	3-2			
特性	tèxìng	7-1	**W**		
特意	tèyì	7-1	挖掘	wājué	9-1
特征	tèzhēng	7-2	外貌	wàimào	17-2
提倡	tíchàng	17-2	蜿蜒起伏	wān yán qǐ fú	8-2
体现	tǐxiàn	4-2	完备	wánbèi	13-2
体重	tǐzhòng	1-2	蔓	wàn	8-1
天长地久	tiān cháng dì jiǔ	11-1	王家	wángjiā	14-2
天翻地覆	tiān fān dì fù	10-2	威胁	wēixié	16-1
天昏地暗	tiān hūn dì àn	8-1	威严	wēiyán	9-2
天南海北	tiān nán hǎi běi	5-1	微微	wēiwēi	4-1
天庭	tiāntíng	2-1	违法	wéi fǎ	1-2
添加	tiānjiā	6-2	违抗	wéikàng	7-1
调味	tiáowèi	1-2	维持	wéichí	14-2
通道	tōngdào	9-1	文采	wéncǎi	7-2
通宵达旦	tōng xiāo dá dàn	3-1	文雅	wényǎ	4-2
通行	tōngxíng	5-2	卧薪尝胆	wò xīn cháng dǎn	7-1
同类	tónglèi	14-2	无聊	wúliáo	10-1
铜	tóng	11-2	蜈蚣	wúgōng	11-2
统计	tǒngjì	8-2	舞台	wǔtái	12-1
统治	tǒngzhì	14-1			
痛斥	tòngchì	18-1	**X**		
痛快	tòngkuai	4-2	吸收	xīshōu	5-2
痛心	tòngxīn	18-1	吸水性	xīshuǐxìng	12-1
投（江）	tóu (jiāng)	18-1	稀有	xīyǒu	12-1
图案	tú'àn	3-1	习俗	xísú	2-2
图谋	túmóu	18-1	喜悦	xǐyuè	3-2
徒手	túshǒu	17-2	细腻	xìnì	12-1

中国传统文化与现代生活

瞎（跑）	xiā（pǎo）	10-1	兴旺	xīngwàng	1-1
狭义	xiáyì	16-2	形态	xíngtài	7-1
（下）端	（xià）duān	11-2	形象	xíngxiàng	2-2
下令	xià lìng	8-1	醒目	xǐngmù	10-2
下落	xiàluò	8-1	幸运	xìngyùn	2-2
吓唬	xiàhu	7-1	凶猛	xiōngměng	14-1
鲜美可口	xiānměi kěkǒu	1-1	胸有成竹	xiōng yǒu chéng zhú	7-1
显示	xiǎnshì	9-2	雄伟壮观	xióngwěi zhuàngguān	8-2
险恶	xiǎn'è	8-2	雄壮	xióngzhuàng	9-1
现实	xiànshí	5-1	修	xiū	6-1
线条	xiàntiáo	6-2	修筑	xiūzhù	1-1
限制	xiànzhì	6-2	虚	xū	17-1
羡慕	xiànmù	15-1	序幕	xùmù	16-2
献计	xiàn jì	15-2	叙述	xùshù	8-1
相比之下	xiāng bǐ zhī xià	10-1	续	xù	4-2
相传	xiāngchuán	15-2	学派	xuépài	14-1
相当于	xiāngdāngyú	2-2	血汗	xuèhàn	8-2
厢房	xiāngfáng	4-1	寻求	xúnqiú	5-2
详细	xiángxì	15-2	迅速	xùnsù	17-1
享受	xiǎngshòu	3-2			
象征	xiàngzhēng	2-2		**Y**	
橡子	xiàngzi	7-2	雅	yǎ	5-2
小品	xiǎopǐn	5-2	雅兴	yǎxìng	4-1
小人	xiǎorén	18-2	延伸	yánshēn	10-2
孝心	xiàoxīn	2-2	延续	yánxù	10-2
效果	xiàoguǒ	5-2	言论	yánlùn	14-1
效率	xiàolǜ	6-1	言行	yánxíng	14-2
心心相印	xīn xīn xiāng yìn	11-2	岩洞	yándòng	12-2
欣赏	xīnshǎng	3-2	岩石	yánshí	12-2
新大陆	xīndàlù	6-1	眼红	yǎnhóng	1-1
新娘	xīnniáng	2-2	演变	yǎnbiàn	6-2
新奇	xīnqí	1-2	燕子	yànzi	11-2
信奉	xìnfèng	18-1	洋	yáng	5-1
信任	xìnrèn	18-1	养成	yǎngchéng	10-2
信息	xìnxī	5-2	腰带	yāodài	2-2
兴奋	xīngfèn	2-1	遥远	yáoyuǎn	16-2

咬	yǎo	2-1
要不然	yàobùrán	10-1
要领	yàolǐng	17-1
野生动物	yěshēng dòngwù	1-2
野兽	yěshòu	17-2
野味	yěwèi	1-2
一五一十	yī wǔ yī shí	8-1
一举两得	yì jǔ liǎng dé	13-2
一言为定	yì yán wéi dìng	8-2
一准儿	yìzhǔnr	10-1
仪式	yíshì	14-2
移民	yímín	5-2
遗产	yíchǎn	8-2
遗体	yítǐ	18-1
疑	yí	3-1
依仗	yǐzhàng	7-1
意（念）	yì（niàn）	17-1
意识	yìshi	10-1
意外	yìwài	9-1
阴沉	yīnchén	13-1
引	yǐn	4-1
引起	yǐnqǐ	2-1
引申	yǐnshēn	14-2
印刷术	yìnshuāshù	6-2
营养	yíngyǎng	4-2
永结同心	yǒng jié tóng xīn	11-1
涌动	yǒngdòng	17-1
由来已久	yóu lái yǐ jiǔ	3-1
油腻腻	yóunìnì	1-1
游历	yóulì	14-1
有感于	yǒugǎnyú	8-1
宇航员	yǔhángyuán	8-2
寓言	yùyán	7-2
远古	yuǎngǔ	18-2
怨言	yuànyán	7-1
晕	yūn	10-1
孕育	yùnyù	13-1

Z

遭受	zāoshòu	7-1
糟	zāo	10-2
造型	zàoxíng	12-1
眨	zhǎ	13-1
占	zhàn	5-2
掌管	zhǎngguǎn	7-2
掌握	zhǎngwò	17-1
招待	zhāodài	4-2
招呼	zhāohu	4-1
招募	zhāomù	16-1
着迷	zháo mí	17-2
照射	zhàoshè	10-2
折叠	zhédié	12-2
珍宝	zhēnbǎo	11-2
珍藏	zhēncáng	12-1
真谛	zhēndì	17-1
震惊	zhènjīng	9-2
争先恐后	zhēng xiān kǒng hòu	18-1
征调	zhēngdiào	9-2
征服	zhēngfú	6-1
整理	zhěnglǐ	14-1
正式	zhèngshì	5-2
证据	zhèngjù	1-1
政令	zhènglìng	5-2
支线	zhīxiàn	16-2
枝	zhī	8-1
知府	zhīfǔ	4-1
知识分子	zhīshi fènzǐ	14-2
志愿者	zhìyuànzhě	16-1
制作	zhìzuò	3-1
治理	zhìlǐ	14-1
智慧	zhìhuì	8-2

199

中介	zhōngjiè	16–2	赚钱	zhuàn qián	10–1
中旬	zhōngxún	3–2	装饰	zhuāngshì	11–1
中原	zhōngyuán	16–1	壮观	zhuàngguān	9–1
中轴线	zhōngzhóuxiàn	10–2	追溯	zhuīsù	10–2
忠臣	zhōngchén	15–2	捉	zhuō	7–1
忠贞	zhōngzhēn	8–1	浊	zhuó	13–1
重心	zhòngxīn	17–1	着落	zhuóluò	12–2
重用	zhòngyòng	18–1	琢磨	zuómo	10–1
重镇	zhòngzhèn	10–2	孳生	zīshēng	6–1
诸侯国	zhūhóu guó	5–2	字符	zìfú	6–2
逐个	zhúgè	6–1	字迹	zìjì	12–1
主持	zhǔchí	14–2	自（古）	zì (gǔ)	3–2
主张	zhǔzhāng	18–1	自来水	zìláishuǐ	4–2
助威	zhùwēi	18–2	自卫	zìwèi	17–2
著书立说	zhù shū lì shuō	12–1	总理	zǒnglǐ	2–2
著作	zhùzuò	5–2	总之	zǒngzhī	10–1
专家	zhuānjiā	9–1	族谱	zúpǔ	6–1
专门	zhuānmén	3–2	组合	zǔhé	6–2
专用	zhuānyòng	3–1	祖先	zǔxiān	12–1
专著	zhuānzhù	6–1	钻	zuān	18–2
砖块	zhuānkuài	8–2	尊崇	zūnchóng	18–2
转弯	zhuǎn wān	10–1	尊贵	zūnguì	14–2
转学	zhuǎn xué	10–1	坐标	zuòbiāo	10–2
转动	zhuàndòng	18–2	做伴	zuòbàn	12–2
转向	zhuàn xiàng	10–1			